AF452649

NOTICE HISTORIQUE

SUR

VENDEUVRE ET SES ENVIRONS,

PAR

M. BOUTIOT,

MEMBRE RÉSIDANT DE LA SOCIÉTÉ ACADÉMIQUE DE L'AUBE.

TROYES.

BOUQUOT, IMPRIMEUR-LIBRAIRE.
Rue Notre-Dame, 43.

1858.

CHÂTEAU DE VENDEUVRE-SUR-BARSE.

NOTICE HISTORIQUE

VENDEUVRE ET SES ENVIRONS.

Vendeuvre, aujourd'hui chef-lieu de canton, était, avant 1789, et depuis un grand nombre de siècles, une seigneurie importante dépendant du bailliage de Troyes.

Cette seigneurie, créée par les comtes de Champagne, fut donnée à leurs enfants et ensuite aliénée au profit des vassaux des comtes. Elle fut possédée par de puissants seigneurs, dont la plupart jouèrent un rôle important dans les évènements qui se rattachent à l'histoire de France. Car c'est à l'histoire de France que nous devons la conservation des noms des puissants barons qui passèrent sous les voûtes séculaires de l'antique château de Vendeuvre.

Mais l'histoire des seigneurs et de la seigneurie n'est pas la seule intéressante. Celle des habitants de la contrée a aussi ses droits. A l'aide de l'histoire nous remontons au moins au septième siècle de l'ère chrétienne. Si nous nous aidons des éléments étymologiques, archéologiques et traditionnels, nous gagnons les temps gallo-romains.

Il est vrai que, prise isolément, l'histoire d'un pays dont l'étendue n'excède pas quelques lieues de superficie ne présente qu'un intérêt fort limité. Et pourtant, sur ce coin de terre, il s'est passé des évènements nombreux qui, rattachés les uns aux autres, nous conduisent à travers les siècles, depuis les temps les plus reculés jusqu'à nos jours. Ils nous instruisent de ce que furent les habitants de cette partie de notre département, aujourd'hui confondue dans la grande unité française, et comment leur sort se modifia pour arriver à l'état où il se trouve aujourd'hui. Raconter ce qui se passa dans cette contrée, n'est-ce pas écrire l'histoire de toute la population rurale de la Champagne? Ainsi, depuis les temps gallo-romains jusqu'au dernier empire, on peut suivre, sans peine, les états successifs par lesquels passa la population essentiellement agricole qui habite le canton de Vendeuvre. Depuis l'esclavage romain, la glèbe et le servage du moyen-âge, les défrichements des forêts qui couvraient le sol gaulois, la fondation des monastères, les croisades, les affranchissements, les guerres féodales, celles des Anglais et des Bourguignons, les troubles civils et religieux du seizième siècle, les états généraux, l'administration de Louis XIV et l'état des habitants des campagnes au dernier siècle, pendant cette longue période et jusqu'à l'établissement de l'ordre social sous lequel nous vivons, on peut retracer la vie passée de ces populations rurales et assister à leur transformation. A ce point de vue, cette étude sera générale. Mais il fallait un centre d'action. J'ai choisi Vendeuvre et ses environs. Un grand nombre de documents, la plupart inédits, sont passés sous mes yeux, et les matériaux, ne me faisant pas défaut, je les ai coordonnés. Heureux si ce travail peut trouver quelques lecteurs!

Cette étude est divisée en deux parties.

La première, publiée dans l'Annuaire de 1859, comprendra trois chapitres :

Le premier chapitre s'occupera de l'étymologie, de l'origine et de la situation topographique de Vendeuvre ;

Le deuxième contiendra l'histoire des seigneurs et de la seigneurie de Vendeuvre ;

Le troisième s'occupera du château de Vendeuvre.

La seconde partie, qui sera publiée dans l'Annuaire de 1860, se composera de deux chapitres et d'un appendice :

Le premier chapitre comprendra l'histoire des habitants de Vendeuvre et de ses environs;

Le second s'occupera des établissements religieux et hospitaliers ;

L'appendice comprendra des pièces et des documents inédits.

PREMIÈRE PARTIE.

—

CHAPITRE I.

—

Étymologie. Origine. Situation.

Il est peu de noms de lieux dans nos contrées qui aient autant exercé la sagacité des étymologistes, depuis le poète latin Bourbon, qui vivait au seizième siècle, jusqu'à nos jours. Je vais prendre rang parmi ceux-ci. Etant le dernier, je résumerai la question, et rapporterai ce qui a été dit avant moi, et donnerai ensuite mon avis.

J'établis le point de la discussion, et dépose sur le bureau les pièces du procès.

Dans un diplôme de Chloter III, roi de Bourgogne et Neustrie, donné en 664, on lit : *Vendovera*.

En 865, dans les Annales de saint Bertin, écrites par Hincmar, archevêque de Reims, on trouve : *Vendovera*.

En 878 et 879, le pape Jean VIII écrit : *Vendoara*.

En 1111, Hugues, seigneur de Vendeuvre, signe *Huguo Vendoperensis filius Theobaldi*.

De nombreuses chartes et lettres des douzième et treizième siècles écrivent *Vendopera*.

Le auteurs de la *Gallia Christiana*, écrivant au dix-septième siècle, nomment un évêque de Langres, vivant en l'an 1200, *Hilduinus*, de Vandeuvre, *filius Laurentii Domini Vandopera in Campania*.

Au seizième siècle arrive Bourbon, qui écrit *Vandopera, Vandoperanus, Vandoperensis*, et qui donne, avec cette orthographe, l'origine de Vendeuvre aux Vandales.

Le nom français marcha comme le nom latin. Avant le seizième siècle on trouve *Vendeuvre*, et à partir de Bourbon on rencontre Vandeuvre, Vandœuvre, Vandœuvres, et encore Vendeuvre.

Par ce qui précède, il est facile de voir comment on passa de *Vendovera* à *Vandopera,* et de *Vendeuvre* à *Vandœuvres.*

Il est inutile aujourd'hui d'invoquer les preuves contenues dans la *Dissertation sur un bourg de Champagne* (1842), œuvre d'un style agréable et facile. En les réunissant, l'auteur, M. Pavée de Vendeuvre, baron de l'Empire, voulait défendre son nom. A l'époque où il écrivait, l'orthographe *Vandœuvres* prévalait. Il fallait la repousser comme entachée de vandalisme. Ces savantes recherches ont eu le succès qu'elles méritaient. Chacun a reconnu la force des raisons invoquées, et tous acceptent aujourd'hui l'orthographe que l'auteur a soutenue, la seule vraie, et aujourd'hui la seule en usage.

Maintenant passons à la signification de *Vendeuvre, Vendovera.* Je ne disserterai pas sur les Vandales, ni sur leurs courses dans les Gaules. Ils ont détruit, il est vrai, mais pas plus que leurs contemporains, les Goths, les Suèves, les Alains et autres peuples du Nord de l'invasion de 406. Mais, plus qu'eux, ils fondèrent un royaume dans les contrées africaines, où les Français sont les maitres aujourd'hui. Ce royaume subsista plusieurs siècles, et certes, nous Français, nous ne faisons encore que les suivre de bien loin avec nos procédés d'irrigation. Peut-être la France du moyen-âge eût-elle été moins malheureuse si, comme l'exprima Genseric dans son testament, la succession du royaume eût été donnée au plus proche parent du roi décédé. Peut-être aussi les Vandales, qui étaient Ariens, ne sont-ils que les parias de l'histoire sur lesquels retombèrent tous les forfaits commis par tous les peuples idolâtres ou chrétiens. Enfin, un dernier mot sur ce point. *Vandales,* ennemis des beaux-arts, et *vandalisme* ne sont pas, dans cette acception, une bien vieille expression. La révolution de 93 a donné le jour à ces deux mots que l'Académie n'adopta, en 1822, que dans le supplément de son dictionnaire.

Il ne sera donc plus question des Vandales, à l'occasion de Vendeuvre.

Un écrivain, un paléographe, a proposé de faire de *Vendeuvre, Veneris* ou mieux *Vendemix opus* ou *opera.* Les couleurs sont moins sombres que lorsqu'il s'agit des Vandales.

Un autre auteur convertit *Vendeuvre* en *Ven-doué-vre, lieu clos de la fontaine de Vénus.*

Enfin, je hasarderai mon opinion dans la lutte, et je dirai que je crois devoir me rattacher plutôt à ce dernier avis qu'à tous les autres. Voici mes raisons :

Le site, les accidents naturels du sol, la religion, ont, dans tous les temps, aujourd'hui comme autrefois, chez tous les peuples, chrétiens ou païens, européens ou autres, servi à nommer les lieux. Il ne faut pas soumettre les noms qui datent du commencement de l'ère chrétienne à la règle académique, qui veut que les noms ne soient formés qu'à l'aide des racines d'une seule langue. Il faut prendre les temps pour ce qu'ils sont, et les langues avec les éléments qui les composent. Aux temps gallo-romains, il ne faut pas s'étonner si l'on trouve des noms hybrides, et le mot *Vendeuvre* serait de ceux-là. On y trouverait *Ven* de *Venus*, *dow*, de *douée*, de *dwi, duie*, source, fontaine, et *vre*, du mot celtique dont on a fait plus tard breuil, mot roman qui signifie *pré, clos, prairie*. Quiconque a traversé Vendeuvre a vu ses sources, quiconque en a étudié le sol reconnu propre aux prairies. Ai-je besoin d'ajouter maintenant que toute source est placée le plus souvent sous la protection d'une autorité surhumaine, soit depuis l'établissement de la religion catholique dans nos contrées (la consécration de sources à la Vierge, à des saints ou saintes, en est la preuve), soit au temps du culte des Druides, les découvertes archéologiques si nombreuses faites aux sources de la Seine le démontrent surabondamment. Les nombreuses sources de Vendeuvre n'ont-elles pas fait de ce lieu une localité des plus remarquables sous ce rapport. Rien ne peut contredire cette origine possible, surtout quand, dans le voisinage, on trouve un lieu dépendant de l'antique forêt de Der se nommer *Val-sur-Zeneth*, orthographe encore suivie au siècle dernier, et mot signifiant littéralement, en langue celtique : *Le val de la source de la Prêtresse vierge*. Mais ce nom n'est pas le seul que nous puissions invoquer ici. Le nom de *Sarcal*, porté par une contrée que traversait l'ancien grand chemin de Vendeuvre à Bar-sur-Aube, signifierait mot à mot le *champ des tombeaux*. Celui de *Vienne*, appliqué à l'un des quartiers de Vendeuvre, n'aurait d'autre signification que *voie de Enne*. Enne, ou Anne, était une divinité gauloise à laquelle on accordait les attributs de Cérès.

Suivant de bons auteurs sur la matière, et je mets au premier rang M. Eusèbe Salverte, la connaissance d'un nom a autant de valeur dans l'histoire d'une nation, d'un pays, que celle de la numismatique et de l'archéologie. Conservé pur, ce nom est le souvenir certain, indélébile du peuple qui l'a donné ; il conduit à retrouver la date de la fondation et le nom des fondateurs.

Suivant Leibnitz, qui regardait, à juste titre, les noms de lieux comme les plus propres de tous à conserver le reste des idiômes perdus et les traces de l'existence des nations détruites, le nom d'une contrée rappelle sa position, son aspect physique. Celui d'une ville se rapporte à l'époque de sa fondation, aux usages, aux croyances religieuses.

Le mot *Vendeuvre* serait donc gallo-romain, prendrait ses éléments dans deux langues, et aurait été formé pour désigner la fertilité du sol et la présence de sources consacrées à une divinité.

Je finis, sur ce point, en rapportant une légende mythologique sur l'origine de Vendeuvre. C'est un thème qui était digne, au dix-huitième siècle, d'être converti en prologue d'opéra-comique.

Mars, Vulcain, Bacchus, Cérès et Pan, auraient daigné descendre du céleste séjour dans la contrée de Der et aux sources de la Barse pour enseigner aux hommes les arts qu'ils personnifient. Vénus elle-même n'aurait pas repoussé, sous l'ombrage des chênes antiques de la forêt de Der, les étreintes amoureuses d'un heureux mortel dont le nom n'a pas été conservé, et qui l'aurait rendue mère de Brennus. Celui-ci, en bon fils, aurait donné le nom de Vienne à la ville qu'il aurait fondée près du lieu où Vendeuvre devait s'élever un jour. Pan et Vulcain surent enflammer le cœur des mortelles du pays de Der. La jalousie sut bientôt troubler le séjour terrestre de ces dieux. Pan abandonna ses gras pâturages pour aller en Arcadie. Il confia ses troupeaux au berger Damintas, dont le cœur battait pour la nymphe Amaryllis, qui n'était pas ingrate. Vulcain retourna aux forges de l'Etna, après avoir confié à un certain Braccador la direction de celles qu'il avait élevées sur les bords de la Barse. Les dieux eux-mêmes auraient ainsi présidé à la création et au développement des arts dont le sol fournit et fournira longtemps encore les premiers éléments.

Mais revenons à l'histoire.

Une tradition écrite fait remonter jusqu'à l'an 395 (1) la fon-

---

(1) **Manuscrit conservé au château de Vendeuvre.**

dation de Vendeuvre. Si cette date n'est que traditionnelle, elle se rapproche bien près de la vérité, puisqu'aujourd'hui on a acquis la preuve certaine que des habitants y vivaient aux temps gallo-romains, par suite de la découverte récente de nombreuses poteries dans le quartier des voies de Vienne et dans le voisinage de l'église actuelle où se trouvait un trou à potier, contenant encore la terre que l'ouvrier préparait pour la mettre en œuvre (1). Un cimetière d'une grande étendue existait aussi sur l'emplacement actuel de la gare du chemin de fer. De nombreux cadavres, comme des objets dépendant d'armures, ont été mis au jour lorsqu'on jeta les fondations des bâtiments de la station.

Les premiers habitants de Vendeuvre furent plutôt des laboureurs et des bergers que des hommes de guerre. Le sol fertile de la contrée, l'ardente végétation forestière qui couvrait le sol à l'ouest, les abondantes sources qui arrosaient la vallée, attirèrent les hommes qui, là, trouvaient facilement une abondante nourriture. Une colonie gauloise dut exister dans ce lieu. Les Romains n'auraient fait que continuer ce qui existait. Et Constance Chlore, en **296**, comme le veut l'histoire, repeupla ces contrées. Plus tard s'éleva, pendant les luttes du moyen-âge, un château d'une grande étendue. Une simple métairie devint ainsi un des plus puissants châteaux féodaux des frontières de la Bourgogne et de la Champagne.

Vendeuvre est situé sur les confins de l'ancien vallage (2) et sur ceux de la contrée de Der (3) qui, au moyen-âge, aurait reçu le nom d'Axois (4). Il fit partie du *pagus Lingonensis,* du pays des Lingons, et resta, jusqu'en 1790, du diocèse de Langres. Dans ces temps reculés, la forêt impénétrable du Der l'isolait du pays des Tricasses, avec lequel il n'eut de rapport qu'après les défrichements commencés par les religieux de Montiéramey.

Placé aux sources nombreuses et abondantes de la Barse, il est dominé par cinq vallées qui toutes convergent sur les sources de Vendeuvre, tant du midi et de l'est que du côté du nord.

---

(1) Ce dernier emplacement fait partie du cimetière actuel ; il est situé à la hauteur du chœur de l'église. Il a été découvert lors de l'agrandissement du cimetière en 1854.

(2) Pays des Vallées.

(3) *Der, derw, deru,* chêne, contrée des chênes. Il est peu de communes aux environs de Vendeuvre qui n'ait sa contrée de Der.

(4) Pays des eaux, des étangs.

Le sol de cette contrée appartient à l'est au calcaire jurassique, et à l'ouest aux argiles qui commencent la formation crétacée. Son heureuse situation, la variété des éléments du terrain, ses argiles, ses sables, ses carrières, ses mines de fer ; ses prairies, ses bois et ses champs en font une contrée privilégiée par la variété de ses produits agricoles et industriels.

CHAPITRE II.

Seigneurs et Seigneurie de Vendeuvre.

Vendeuvre, faisant partie du fisc impérial romain, passa dans celui des rois franks, qui en firent hommage à l'abbaye de Fontaine-Bèze, placée sous le patronage de saint Pierre. Compris dans le domaine de saint Pierre, il fut usurpé par Boson, et possédé ensuite par un certain comte d'Aremberg, qui refusa de le remettre à l'abbaye de Pothières, sous la sauve-garde de laquelle le pape Jean VIII voulait le placer, abbaye qui le réclamait aussi comme le tenant du comte Gérard de Roussillon, son fondateur.

Au dixième siècle, Adalbert Bérault est possesseur du château de Vendeuvre. En 987, après l'assemblée de Noyon, qui mit la couronne de France sur la tête de Hugues Capet, Charles de Lorraine, dépossédé de ses droits, traversa la Champagne avec une armée. Il s'empara du château de Vendeuvre, occupé par Adalbert Bérault, qui succédait au comte d'Aremberg, et en ordonna la destruction (1) ; cet ordre n'aurait pas été exécuté.

Au onzième siècle, et pour premier anneau de la chaîne non interrompue des seigneurs de Vendeuvre, se présente Hugues de Vendeuvre, de la famille des comtes de Champagne. Cet Hugues était fils de Thibault Ier et frère d'Etienne VI, comte de Blois, connu sous le nom de Henry. Cet Hugues serait celui qui devint comte de Champagne en 1089 ou 1090. C'est avec lui que commencent les premières largesses des comtes de Cham-

____

(1) **Chronique de Richer, de Metz.**

pagne dans nos contrées. C'est à lui que remonte la fondation du prieuré de Saint-Georges établi à Vendeuvre en 1080. Les primitives constructions s'en voient encore aujourd'hui. L'abbaye de Cluny le posséda depuis sa fondation jusqu'en 1789. Ce prieuré fut doté de toutes les dîmes de la châtellenie de Vendeuvre, de biens fonds, de cinq setiers six boisseaux de froment, de dix chapons et demi et de onze oranges qui ne gèlent jamais, pour l'entretien du sacristain, d'un moulin et d'un four banal, dont les droits s'exerçaient sur le quartier-bas de Vendeuvre. De ce prieuré, composé d'un prieur et de quatre religieux, relevaient treize paroisses.

Après Hugues, qui mourut en Palestine, Vendeuvre passa entre les mains de Roulin et de Hilduin de Vendeuvre, qu'on dit être ses deux fils. Le premier épousa Adélaïs, qui lui donna deux fils. L'aîné se nomma Godefroy, et le deuxième Thibault. Hilduin de Vendeuvre épousa Anceline, dont il eut Eudes de Vendeuvre.

En 1124, Hilduin et Roulin de Vendeuvre donnent, à la prière de Hugues, comte de Troyes, aux religieux de Montiéramey, tout ce qu'ils possèdent au-dessus du ruisseau du Thiélou, vers l'abbaye de Montiéramey, et le pâturage de toutes les forêts, de l'autre côté de ce ruisseau, jusqu'au château de Vendeuvre. Gauthier, abbé de Montiéramey, donna en échange deux bons chevaux, et à leurs femmes quatre livres, une vache et un gobelet neuf, de peur qu'ils ne disent que c'était par force et par crainte que le comte de Troyes leur avait fait faire ces concessions.

En 1129, Hilduin de Vendeuvre donne la *Villa vicinum*, située sur la paroisse de Marolles, à l'abbaye de Molesme, près Tonnerre. En 1134, ce même Hilduin, *Hilduinus de Vendopere*, signe, avec un grand nombre de seigneurs, une sentence rendue par Thibault-le-Grand, comte de Blois et de Champagne, en faveur de Guillaume, abbé de Saint-Martin-ès-Aires, contre Gauthier, abbé de Montiéramey, à l'occasion de certains moulins sis à Troyes, près des Etuves, et que le comte Hugues avait donnés antérieurement à l'abbaye de Montiéramey.

En 1137, Hilduin figure dans l'acte de fondation de l'abbaye de la Rivour, qui eut saint Bernard pour témoin. Dans cet acte sont aussi nommés Thibault de Vendeuvre, sa femme Hermengarde, et Geoffroy, leur fils, qui donnèrent la forêt de la Rivour.

En 1151, Hilduin de Vendeuvre signe l'acte de réparation que le comte de Champagne, Henri Ier, fit à l'évêque de Troyes, pour avoir poursuivi un homme sur le territoire du bourg Saint-Denis, dont les droits de justice appartenaient à l'évêque.

En 1157, Henri-le-Libéral donne au Chapitre Saint-Etienne la moitié du four de Hardouin de Vendeuvre, assis à Troyes devant le donjon.

Roulin et Hilduin seraient allés en Palestine en 1146, laissant à Vendeuvre Anceline, femme de Hilduin, avec leur fils Eudes, et Auger, pour l'administration de leurs biens. Après 1151, on ne trouve plus de traces de ces deux personnages.

En 1178, *Iodomus de Vendopera* figure dans un acte de donation faite au profit de la maladrerie des Deux-Eaux de Troyes, par Clérembault de Chappes.

En 1186, Bouchard de Vendeuvre, Jean de Matha, docteur en théologie et fondateur de l'ordre des Mathurins ou de la Trinité, Etienne, abbé de Molesme, Lucy de Chappes, Etienne, prévôt de Bar-sur-Seine, transigent à l'occasion de différentes propriétés et les partagent.

En 1197, Béatrix, dame de Vendeuvre (Béatrix de Céris, femme d'Eudes), Odette, sa fille, et le seigneur Bouchard de Vendeuvre, confirment une donation faite au monastère de Montiéramey par Millotet et Guillaume de Briel, chevaliers, Hilduin, leur frère, et Elisabeth, leur sœur.

En 1198, Eudes ou Odes de Vendeuvre, et Hugues, seigneur de ce lieu, donnent à l'abbaye de Mores, le premier, six livres par an, et le second deux setiers de blé à prendre sur la grange de *Bellefort*.

Vers l'an 1200, Blanche de Champagne, fille de Sanche VI, roi de Navarre, et mère de Thibault-le-Posthume ou le Chansonnier, comte de Champagne, aliéna, au profit de Simon de Clermont, une partie de la terre de Vendeuvre. Cette aliénation aurait eu pour objet la même partie que les Templiers achetaient cinquante-cinq ans plus tard.

En 1200, ce même Simon de Clermont, sire de Vendeuvre, donna à l'abbaye de Mores le gagnage du Chêne, situé à La Villeneuve, près de la rivière de Barse ; et un autre, celui de *Bellefleur*, près Longpré, avec droit d'usage et de pâturage dans tous ses bois, en pure et franche aumône. Il aurait en outre détaché de la seigneurie de Vendeuvre des droits sur Ville-sur-Arce et sur Buxières, en faveur de la même abbaye.

Hilduin, Hoduin ou Ailduin de Vendeuvre, fils de Laurent, seigneur de Vendeuvre, occupa le siége épiscopal de Langres pendant environ quatre ans (de l'an 1200 à 1204), après avoir été doyen de l'église de Langres. En 1202, il appose son sceau à une donation faite au monastère de Montiéramey par Gaudefroy ou Geoffroy, seigneur de Vendeuvre, fils de défunt Geoffroy de Vendeuvre.

Eudes de Vendeuvre, fils de Hilduin et d'Anceline, avait épousé Béatrix de Céris. C'est lui, sans doute, qui figure en 1249, sous le nom de *Odo de Vendoperâ*, dans une contestation jugée par Etienne II, abbé de Saint-Michel de Tonnerre, entre *Odo* et les religieux de Mores.

Eudes n'aurait pas suivi l'exemple de son père, si l'on en croit la tradition des moines de l'abbaye de Montiérender.

En 1174, il attaque les possessions de cette abbaye et s'empare de Tilleux, dévaste les métairies et veut emmener les habitants, serfs du monastère. Rainaud, l'abbé, se plaint à Henri-le-Libéral, comte de Champagne, et demande réparation pour son abbaye. Eudes se soumet et donne satisfaction aux religieux de Montiérender.

Du mariage d'Eudes de Vendeuvre et de Béatrix de Céris, naquit Odette de Vendeuvre, qui figure en l'acte de 1197.

Odette épousa Hugues IV, l'un des plus glorieux enfants de Simon II, seigneur de Broyes et de Commercy (1).

En 1202, Hugues succéda à son père dans la seigneurie de Broyes, et octroya à l'abbaye du Reclus une partie du bois des Chapelons, avec le consentement d'Odette de Vendeuvre.

Ils donnèrent le droit qu'ils possédaient dans le bois de Dosches, à Clérembault de Chappes, qui, en 1203, le transporta, à titre de cens, aux religieux de la Rivour.

Il échangea quelques femmes de corps avec l'abbé et les religieux de Montier-la-Celle.

En juillet 1215, il transigea, avec les religieux de Mores, sur certains débats élevés entre eux, et amortit, à leur profit, tout ce qu'ils pourraient acquérir en sa châtellenie de Vendeuvre.

―――――――

(1) **De Broyes :** d'azur à trois broyes d'or posées en fasces.

En 1220, il concéda certains droits de cens, de champart et de dîmes à l'église de Notre-Dame de la Rivour, sur des biens situés entre les bois de Dosches et de la Rivour, le Mesnil et le Mesnillot.

La plupart de ces actes sont contractés du consentement de sa femme, Odette, et de Béatrix de Céris, sa belle-mère.

Hugues mourut peu après 1225.

Il eut six enfants d'Odette de Vendeuvre.

Hugues V, l'aîné, eut en partage la terre de Broyes (près Sézanne) (1). Simonet et Gaucher furent chanoines de Reims. La terre de Vendeuvre échoua à Eudes, qui se qualifia de seigneur de Vendeuvre, de Soisy et de Châtillon. Il était le deuxième fils de Hugues IV. De ce mariage était encore nées deux filles : Ermensens et Marguerite. Ermensens de Broyes fut religieuse en l'abbaye de Notre-Dame-aux-Nonnains de Troyes. Par charte de l'an 1223, Hugues et Odette, ses père et mère, lui assignèrent soixante sous de rente sur le péage de Vendeuvre, à la condition qu'après sa mort cette rente demeurerait à l'abbaye pour célébrer un anniversaire pour eux, leurs enfants et Béatrix, mère d'Odette.

Eudes de Vendeuvre aurait reçu ce nom en mémoire de son aïeul maternel, Eudes de Vendeuvre.

En 1226, il fut de la croisade contre les Albigeois, et marcha avec le roi de France contre Raymond VII, comte de Toulouse. Cette course lui aurait causé des embarras financiers. En revenant, il engagea, à Lyon, sa terre de Vendeuvre, qu'il racheta après un certain nombre d'années. En 1241, il ne prend que le titre de seigneur de Soisy, dans un acte où il se reconnaît obligé de livrer à Thibaut, roi de Navarre, sa maison forte de Broussy (près Sézanne), toutes les fois qu'il en aura besoin. En compensation, le comte Thibault lui permet de bâtir, au lieu nommé La Motte-de-Châtillon, une maison avec des fossés de cinquante pieds de large.

Eudes de Broyes, seigneur de Vendeuvre, aurait fondé, dans l'église de Vendeuvre, la chapelle de Saint-Nicolas, de patronage laïque, et dont il se réserva la collation. Sous le même

---

(1) On voit encore, à Broyes, les restes d'un ancien château féodal et quelques débris de tours. Cette construction, fort importante, commande une contrée immense. On lui a conservé le nom de Château-des-Pucelles.

patronage, il aurait aussi fondé une chapelle à Bligny, et le chapelain aurait eu la qualité de seigneur de Montmartin, et d'une partie de la forêt de Bossicant.

Eudes mourut, après l'an 1246, sans laisser d'enfants.

Marguerite de Broyes, sa sœur, lui succéda dans la terre de Vendeuvre. Elle épousa, avant 1214, Gérard de Valéry, seigneur de Durnay, fils de Jean ou Jacques de Durnay : tous deux figurent, comme époux, dans une charte qui porte cette date.

Ce nom de Durnay, complètement oublié aujourd'hui, était encore, vers la fin du dix-septième siècle, porté par un fief taxé lors de la levée du ban et de l'arrière-ban.

Au treizième siècle, ce fief aurait été en la possession de l'un des hommes les plus considérables du temps de saint Louis, Erard de Durnay, seigneur de Valéry (1), de Saint-Valérien et de Marolles, connétable de Champagne et chambrier de saint Louis.

La famille de Durnay paraît, à cette époque, fort répandue en Champagne et en Bourgogne.

En 1245, Gérard de Durnay donne à l'abbaye de Jully-sur-Sarce trois setiers de blé à prendre sur le moutier de Verpillières, avec réserve de l'usufruit pour sa mère et sa sœur, religieuses à Jully.

En 1225, le comte de Champagne, Thibault V, fait assiette de cinq cents livrées de terre à Jacques de Durnay, en échange de deux parts du comté de Bar-sur-Seine, et il déclare que son intention est que ces cinq cents livrées de terre, qu'il remet à Jacques de Durnay, soient tenues au nom et titre de baronnie, tant par Jacques de Durnay que par ses héritiers.

En 1240, Erard ou Gérard Valéry, et Odon de Clermont, fils de Simon, seigneur en partie de Vendeuvre, par l'acquisition qu'il avait faite de Blanche, comtesse de Champagne, partagèrent les bois et forêts de la châtellenie de Vendeuvre. Ils achetèrent ensemble de *Wedes de Birel*, héritier des Clermont, tout ce qui appartenait à ceux-ci en hommes et femmes, bois, terres, forêts, domaines, fiefs et seigneuries de Vendeuvre, Beurey, le Puits, le Val-sur-Zenetz, Vauchonvilliers, la Ville-aux-Bois, Amance, le Magny-Fouchard, Thieffrain, Magnant, Briel, La Villeneuve, Buxières et Marolles, moyennant 4,000 livres *de Provins fortes de Champagne ;* et, en 1245, d'Odes de Broyes,

---

(1) **Près Sens.**

ce qui lui appartenait dans cette seigneurie, moyennant 400 livres fortes de Champagne.

En la même année, Erard de Valéry, par acte du 12 août 1240, vendit aux religieux du Val-des-Ecoliers les deux tiers de deux muids de méteil, à prendre sur ses terres du Val-Gérard, moyennant 200 livres monnaie de Provins. Il leur avait donné l'autre tiers en pure et franche aumône (1).

De 1214 à 1231, l'abbaye de Notre-Dame-aux-Nonnains de Troyes eut pour abbesse (*ministra*) Adélide de Vendeuvre, ou Alix (*Aaliz de Vendopera*). En août 1221, elle donna à perpétuité, aux quatre chanoines de Notre-Dame, certains biens, à charge par ceux-ci de célébrer perpétuellement une messe, qui devait être dite dans *le charnier*, en faveur de son père et de feue d'heureuse mémoire la vicomtesse de Sens, sa mère.

Cette abbesse paraît être de la famille de Durnay ou de Valéry.

Du mariage de Gérard de Valéry, avec Marguerite de Durnay, est né Jean, chevalier, seigneur de Durnay et de Valéry, dont on a une lettre adressée à Yves, abbé de Cluny, et datée de 1264. Jean de Valéry épousa Guilhelmine ou Guillaumette, femme d'une grande réputation, qui, en 1271, avec son fils Gérard, affranchit les habitants de Vendeuvre. Son père, Gérard, ayant donné à La Villeneuve-au-Chêne une charte de fondation, Jean la confirma en 1255, suivant acte dressé par Guillaume, notaire à Sens.

La conformité des noms et des dates rattache entr'eux les personnages de la famille de Durnay et de Valéry de Vendeuvre. On doit croire que ces seigneurs sont bien ceux dont nos historiens champenois, le sire de Joinville et Villehardouin, nous ont gardé le souvenir le plus honorable.

Pendant la croisade de 1248, dans un combat où figurait le roi en personne, Erard et Jean de Valéry sont faits prisonniers par les musulmans. Ils sont délivrés par Gauthier de Châtillon.

Erard de Valéry marcha à la croisade de 1269, lui « trentième de chevaliers, » tandis que le connétable de France, nommé après lui par Villehardouin, n'est que « quinzième de chevaliers. » Erard fut connétable de Champagne et « chambérier de saint Louis, » l'un des quatre conseillers que Philippe III nom-

---

(1) Cette concession fut rachetée par Antoine de la Rochefoucault, le 12 janvier 1526, moyennant une rente de 15 livres.

ma, à Carthage, pour former un conseil de régence, dans le cas où il mourrait en laissant ses enfants en état de minorité.

En 1264, don de cent livres de rente sur la taille de Chartres, en hommage-lige par Jean de Châtillon, comte de Blois et sire d'Avesnes à Jean de Valéry, à Erard, son fils, chevalier, et à leurs héritiers.

En 1264, Jean de Valéry, chevalier, écrit à vénérable père en J.-C., Yves, par la grâce de Dieu, abbé de Cluny, pour s'excuser d'avoir conservé trente livres que lui devait le prieuré de Saint-Georges, pour les charges annuelles de cette maison envers la seigneurie de Vendeuvre. Cette lettre est datée de Vendeuvre.

En 1270, Pierre, sire de Fauche, chevalier, donne à moison (à bail), à Erard de Valéry, chevalier, connétable de Champagne, ce qu'il possède à Cervet (Saint-Léger), Bouilly, Baires, et autres lieux, moyennant cent livres tournois de rente annuelle.

Par une charte de janvier 1271, Erard de Valéry ajoute encore aux dons faits par les membres de sa famille au prieuré du Val-des-Ecoliers. L'année suivante, le prieur et le Chapitre général du Val-des-Ecoliers s'obligent à célébrer, tous les ans, en toutes leurs maisons, l'anniversaire dudit seigneur de Valéry et de sa femme Marguerite.

En 1274, il figure avec Jean de Châteauvillain, le sire de Joinville et autres, comme caution de Henri, comte de Champagne, pour la somme de 30,000 livres tournois envers Philippe III, pour le rachat des comtés de Champagne et de Brie.

Erard de Valéry fit plusieurs testaments. Le dernier est daté de Paris, 1276. Les exécuteurs testamentaires sont Pierre de Barbez, archevêque de Reims ; Huon de Conflans, Jean de Revillon et autres. Il contient des dispositions favorables à de nobles champenois.

En 1277, Erard éclaircit, par lettre, les doutes qui pourraient s'élever sur l'exécution de son testament (1). Il mourut peu après.

En 1308, vivait encore un Erard de Valéry, chevalier, à qui Charles, comte de Valois, donne commission pour enquérir sur la levée de certaines aides.

---

(1) Les archives impériales possèdent un grand nombre de pièces qui conservent le souvenir d'Erard de Valéry.

La famille de Durnay et de Valéry est depuis longtemps
éteinte, éteinte à ce point que, malgré la certitude de la présence de Jean et d'Erard de Valéry aux croisades de 1248 et
de 1269, dont le souvenir est gardé par nos historiens champenois, Joinville et Villehardouin (1), leurs armes et leurs noms ne
figurent point dans les salles de Versailles, destinées à rappeler
à la postérité les noms des personnages qui ont pris part à ces
évènements si mémorables de notre histoire.

En 1295, dans l'état des fiefs de Champagne, on trouve, parmi
ceux qui doivent hommage au roi, comme comte de Champagne :

Gaudefroy de Vendeuvre (*Vendopere*), lige (2) ;

Hugues de Vendeuvre, lige ;

Gui de Vendeuvre, lige ;

Eudes, ou Odon de Vendeuvre, lige ;

Urso de Vendeuvre ;

L'héritier de Laurent de Vendeuvre, lige, et qui doit la garde ;

La fille de Hugues de Vendeuvre ;

La dame Ode de Vendeuvre, pour sa part de la dame de Céris ;

Hugues de Commercy, lige de feu Odon de Vendeuvre ;

Laure de Vendeuvre, lige.

Dans les premières années du quatorzième siècle, il fut fait
partage de la seigneurie de Vendeuvre entre Jean de Durnay,
archidiacre de Langres, demoiselle Agnès de Durnay, sa nièce,
propriétaires des trois quarts de la seigneurie de Vendeuvre, et
Hubert de Rougemont et Agnès de Durnay, sa femme, pour le
dernier quart, tous représentant Gérard ou Erard de Durnay de
Valéry, deuxième de ce nom.

A cette époque, auraient déjà existé les fiefs de Louvemont,
de Marisis, de Rougemont et de Montsaujon, détachés de la
seigneurie principale de Vendeuvre, et dont les titulaires figurent aux quinzième et seizième siècles dans l'administration de
la ville de Troyes.

Les mêmes, Agnès de Durnay, Hubert de Rougemont, son
mari, et l'archidiacre de Durnay, vendirent, en 1321, 1325, 1328

---

(1) On trouve dans ce dernier historien les conventions arrêtées entre
le roi et lui pour son voyage en Terre-Sainte.

(2) Le vassal-lige devait à son suzerain un service personnel, sauf de
rares exceptions.

et 1329, tout ce qui leur appartenait dans la châtellenie de Vendeuvre, tant en hommes et femmes main-mortables, fiefs, terres, bois, eaux, etc., à Miles VI, sire de Noyers, bouteillier de France (1).

Miles VI de Noyers, épousa :

1°. Jeanne de Flandres, fille de Jean II, comte de Flandres, de Dampierre et de Saint-Dizier, en 1297, dont il eut plusieurs enfants.

(Jeanne de Dampierre descendait d'Alix de France, comtesse de Flandres, fille aînée de Robert, roi de France, et petite-fille de Hugues Capet.)

2°. Jeanne de Montbéliard.

Miles de Noyers fut un des agents les plus actifs de la politique de Philippe-le-Bel, qui le récompensa avec la plus grande libéralité, soit par des dons pécuniaires, soit en lui conférant de hauts emplois.

En 1303, Miles de Noyers fut élevé à la dignité de maréchal de France. Il portait l'oriflamme pendant la guerre de Flandres en 1304 ; il dégagea Philippe-le-Bel à la bataille de Cassel, et, par sa valeur, il contribua puissamment au succès des armées coalisées contre les bourgeois flamands. Dans un traité du 17 juillet 1316, qu'il conseille, consent et approuve, Charles de Valois, fils de Philippe-le-Hardi, le qualifie de « son chier cou-» sin. »

Après la chute et l'exécution de Pierre Remy, qui avait administré les finances, le roi Philippe de Valois fit confisquer tous ses biens. Miles de Noyers recueillit de ses dépouilles quatre cents livres de rente à prendre sur Vendeuvre, Villemereuil, Savoye, Bierne, la rivière de Bar-sur-Seine et le péage de Polisot.

Deux fois il fut bouteillier de France. En 1309, le 6 juin, Miles de Noyers assistait, à la droite de Philippe IV, dans la cathédrale d'Amiens, à l'hommage qu'Edouard, roi d'Angleterre, rendait au roi de France pour son duché de Guyenne.

En mai 1344, il convertit les servitudes contenues dans la charte de 1271, en une taille abonnée que les habitants de la seigneurie de Vendeuvre payèrent jusqu'en 1789.

---

(1) Les armes de la famille de Noyers étaient : d'azur, à l'aigle d'or, couronné du même.

En 1343, il partagea ses biens. Jehan de Noyers, son fils puîné, eut le comté de Joigny, les terres et châteaux de Vendeuvre, Louvois et Payens, la terre de Pouilly, ce que son père possédait à Chablis, et d'autres biens.

Miles de Noyers obtint du roi deux foires pour sa *ville de Vendeuvre*.

Il mourut en septembre 1350.

Du mariage de Miles VI de Noyers, avec Jeanne de Montbéliard, naquit Jean de Noyers, connu sous le nom de comte de Joigny, et qui forma, dans la famille, la branche dite des Comtes de Joigny.

Il épousa :

Jeanne de Joinville, héritière du comté de Joigny, fille d'Anseau de Joinville, et petite-fille de l'historien Jean de Joinville, sénéchal de Champagne.

En 1346, Jean, comte de Joigny et seigneur de Vendeuvre, transigea avec les commandeurs de l'ordre de Saint-Jean de Jérusalem, de Bonleu et d'Orient, à l'occasion de leurs droits respectifs sur les hommes et les terres faisant partie des propriétés du Temple, et notamment de la Loge Bazin.

Jean de Noyers échappa aux désastres de Poitiers.

Il eut, pour fils et successeur dans la seigneurie de Vendeuvre, Miles IX de Noyers, comte de Joigny, qui épousa Marguerite de Melun. Il mourut en 1364.

Marguerite de Melun fit, à Charles VI, aveu et dénombrement de la seigneurie de Vendeuvre, le 13 mai 1387.

Miles IX de Noyers, seigneur de Vendeuvre, servit sous les rois Jean, Charles V et Charles VI.

Il vivait encore le 17 juin 1411.

Marguerite de Melun posséda la terre de Vendeuvre et aussi celle de La Villeneuve-au-Chêne. Elle épousa, en deuxièmes noces, le connétable de France, Robert de Fiennes ou de Fieules, dit Moreau, qui fut aussi garde des foires de Champagne (1).

Jean de Noyers forma la tige de Rimaucourt et de Vendeuvre. Il épousa Jeanne de Joinville, dame de la Fauche, Viélaines et Laines-Bourreuses. Il était deuxième fils de Jean de Noyers, comte de Joigny, et frère de Miles IX.

---

(1) Il portait : d'argent, au lion de sable, armé, allumé et lampassé de gueules.

La terre de Vendeuvre passa à Renaut de Noyers, seigneur de Rimaucourt et de Noyers en partie, qui mourut sans enfants.

A sa mort, la terre de Vendeuvre passa aux mains d'Isabeau de Noyers, sa sœur, qui, par son mariage contracté en 1410 avec Dreux II de Mello (1), la porta dans cette famille dont l'illustration remontait à Dreux de Mello, connétable de France sous Philippe-Auguste, et qui possédait de grands biens sur les limites de la Champagne et de la Bourgogne, aux quatorzième et quinzième siècles.

Dreux II de Mello, chevalier, était seigneur de Saint-Bris et de Bligny. Il servit dans les guerres de Flandres. Il était au siége de Bourbourg. En 1383, 1386, 1387 et 1389, il marchait sous le comte de Sancerre, maréchal de France.

Il était mort en 1417.

Il eut pour fils Charles de Mello, seigneur de Saint-Bris, de Bligny, de Vendeuvre et de Vitry, qui épousa Isabeau Aycelin de Montagu. Il serait mort avant 1464. Sa femme mourut en 1459.

Leur fils, Guillaume de Mello, ajouta aux seigneuries que possédait son père celle de Pacy-sur-Armançon. Il fit, en 1464, aveu et dénombrement au roi de la terre de Vendeuvre. Cette seigneurie, divisée en cinq grandes contrées, renfermait 18,310 arpents.

Guillaume de Mello épousa Jacqueline de Vendôme, fille de Jean de Vendôme, vidame de Chartres.

De ce mariage naquit Charles de Mello, qui prit pour femme Catherine de Rougemont, et qui mourut sans enfants.

La seigneurie de Vendeuvre passa, par voie d'acquisition, à Charles II d'Amboise, seigneur de Chaumont, gouverneur de l'Ile de France et de Champagne, qui, en 1510, l'acheta de Charles de Mello.

Cette illustre famille d'Amboise (2) descendait, comme la famille de Noyers, de Robert de France. Cette famille a pour tige Robert, duc de Bourgogne, fils puîné du roi Robert, comme il est dit plus haut, fils de Hugues Capet.

Charles d'Amboise, seigneur de Chaumont, de Meillan et de Sagonne, fut grand-maître, maréchal et amiral de France, et

---

(1) **Les de Mello portaient** : d'argent, à deux fasces de gueules à un orle de huit merlettes du même, au croissant, aussi de gueules, posé en abîme.

(2) **Les d'Amboise portaient** : pallé d'or et de gueules de six pièces.

lieutenant-général du roi Louis XII au duché de Milan et à Gênes.

Il fut, par son intelligence comme par sa famille, alors toute puissante, l'un des hommes les plus considérables et les plus considérés de son temps.

Il était neveu du cardinal d'Amboise, ministre de Louis XII, de qui Mézerai parle en ces termes : « Ce ministre fut justement » aimé de la France et de son maître, parce qu'il les aimait tous » deux également. »

Les archives de la ville de Troyes conservent plusieurs lettres de Charles d'Amboise, son père.

Charles d'Amboise, deuxième du nom, épousa Jeanne de Graville, fille de Louis de Graville, amiral de France, et de Marie de Balzac.

Les fastes des guerres d'Italie sont remplis de son nom. Il détermina le succès de l'armée française à la bataille d'Agnadel en 1509. En 1506, il avait pris Bologne.

Le musée du Louvre possède un magnifique portrait de l'école italienne, que longtemps on a cru être celui de Louis XII, et que des critiques éclairés donnent pour être celui de Charles II d'Amboise.

Charles II d'Amboise mourut à Coreggio, en Lombardie, le 11 février 1511, à l'âge de 38 ans. Il laissa un seul fils, Georges d'Amboise, qui mourut à 22 ans, en marchant sur les glorieuses traces de son père. Il expira à la bataille de Pavie, le 24 février 1524.

Il ne fut pas marié.

La seigneurie de Vendeuvre passa, après cette mort, à Antoinette d'Amboise, fille de Guy, seigneur de Renel, et frère de Charles II d'Amboise, qui avait acquis la terre de Vendeuvre de Charles de Mello.

Antoinette d'Amboise posséda cette seigneurie depuis 1524 · jusqu'en 1552, époque de sa mort.

Elle épousa, en premières noces, Jacques d'Amboise, son cousin, fils de Jean d'Amboise, de la branche de Bussy, qui fut tué à Marignan.

En deuxièmes noces, Antoine de la Rochefoucault (1), baron

---

(1) Il portait : aux premier et quatrième fascé d'argent et d'azur de dix pièces à trois chevrons de gueules, aux deuxième et troisième d'or à l'écu

de Barbezieux, et dont le père était parrain de François Ier. Il était gentilhomme de la chambre du roi. Il commandait Marseille en 1524, lorsque cette ville fut attaquée par les Impériaux, auxquels elle résista avec héroïsme et succès.

Antoine de la Rochefoucault fut lieutenant-général au gouvernement de Paris et de l'Ile de France, sénéchal de Guyenne, succéda à André Doria dans la charge de général des galères, et mourut en 1537, après s'être acquis une grande réputation.

De ce mariage naquirent sept enfants, dont l'un, Charles de la Rochefoucault de Barbezieux, succéda à sa mère dans la seigneurie de Vendeuvre, après de longs démêlés avec les héritiers de Louis de Luxembourg, troisième mari d'Antoinette d'Amboise.

Louis de Luxembourg était fils de Charles de Luxembourg, comte de Brienne et de Roussy, etc., et de Charlotte d'Estouteville. Louis de Luxembourg aurait dissipé une grande partie de la fortune de sa femme (1).

De ce dernier mariage, Antoinette d'Amboise n'eut pas d'enfants.

Charles de la Rochefoucault, seigneur de Barbezieux, eut, entre autres charges considérables, celles de gouverneur de l'Ile de France et de lieutenant-général au gouvernement de Champagne et de Brie, en l'absence du duc de Guise. Il fut de la première promotion des chevaliers de l'ordre du Saint-Esprit, en 1579.

Lors de la Saint-Barthélemy, il occupait la charge de lieutenant-général au gouvernement de Champagne. Aucune tradition ne lui impute d'avoir ordonné ou laissé s'accomplir les massacres dont la ville de Troyes fut le théâtre. Anne de Vaudray,

---

d'azur posé en abîme ; sur le tout, d'or à deux vaches passant, clarinées d'azur.

Ces armes et celles de la famille d'Amboise se voient au banc-d'œuvre de l'église de Vendeuvre.

(1) Louis de Luxembourg portait : écartelé, aux premier et quatrième d'argent au lion de gueules, couronné et lampassé d'azur, la queue fourchée, nouée et passée en sautoir, qui est de Luxembourg ; aux troisième et quatrième, de gueules à une comète de seize rayons d'argent, qui est de Baux.

Le cœur de Louis de Luxembourg, enfermé dans une boîte de plomb, est en ce moment conservé dans les vitrines du musée de Cluny, sous le n° 2486. Ce cœur fut trouvé dans les fouilles des Célestins de Paris.

bailli de Troyes, est celui à qui s'adressent tous les reproches. Charles de la Rochefoucault fut connu sous le nom de Barbezieux, et de nombreux documents relatifs à son administration sont conservés aux archives de la ville de Troyes. Plusieurs de ses lettres sont datées de Vendeuvre. Il mourut en 1583, et laissa de son mariage avec Françoise de Chabot, fille de Philippe de Chabot, amiral de France, trois filles, dont l'une, Charlotte de la Rochefoucault, fut qualifiée dame de Vendeuvre.

A cette époque, la seigneurie de Vendeuvre avait perdu de son étendue. Aux douzième et treizième siècles, elle s'étendait jusqu'au pied du village de Laubressel, comprenait Montiéramey, et d'un autre côté renfermait dans ses limites Magnant, Buxières, Ville-sur-Arce.

En 1553, en outre de treize fiefs compris dans le territoire de Vendeuvre, les terres seigneuriales de Thieffrain, Marolles, Villy-en-Trodes, Briel, La Villeneuve-au-Chêne, le Val-sur-Zeneth, la Ville-au-Bois, la Loge-aux-Chèvres, Vauchonvilliers, Montmartin, Meurville en partie, relevaient de la tour de Vendeuvre. Les villages du Magny-Fouchard, de la Maison-des-Champs, de Nuisement, du Puits, de Longpré et de Beurey avaient été aliénés, en tout ou en partie, au profit de la seigneurie de Jaucourt, à une époque antérieure.

Du vivant même de son père, Charlotte de la Rochefoucault, mariée à François des Barres, seigneur de Neufvi-Banegon, en Bourbonnais, échangeait, le 20 février 1580, la terre et baronie de Vendeuvre avec François de Luxembourg, duc de Piney (1).

Je ne dirai pas avec frère Dante, prédicateur ordinaire de Louis XIII, qui prononça son oraison funèbre le 28 octobre 1613, dans l'église de Pougy, que François de Luxembourg descendait de Clodion. Le fait peut soulever quelques doutes; mais ce qui n'est pas contestable, c'est que dans ses veines coulait du sang royal, comme dans des races impériales et royales coulait du sang des Luxembourg.

« Dirai-je, en parlant de ce puissant seigneur, » disait frère Dante, « dirai-je que le sujet est grand, ample, riche, immense, » et tel qu'ayant eu à le désirer, mes souhaits lui devroient du » retour. C'est une ample moisson de gloire, de lauriers et de » triomphes, qui demanderoit une bouche à sept tuyaux comme

---

(1) François de Luxembourg portait les armes pleines de la famille.

« le Nil, et qui se redoublassent en autant d'accents que le porche
» d'Eptaphone. C'est un yvoire vrayment propre à tailler l'effigie
» d'un Jupiter olympien, si la délicate main d'un Phidias avait
» à l'eslabourer et le mettre en œuvre. Certes, il faudrait la
» plume d'Homère, née pour attaindre à toute fécondité, ou la
» trompe de ce Triton posée à Rome sur le feste du temple de
» Saturne, pour bruire sur un suject si excellent. »

Tel est, en 1613, le style des oraisons funèbres. Nous n'avons
pas besoin de faire remarquer que ni Bossuet, ni Fléchier n'a-
vaient encore posé les règles modernes de l'éloquence chrétienne.

Le nom de François de Luxembourg, duc de Piney, est attaché
à tous les grands évènements du dernier quart du seizième siècle.
Ses ambassades, ses hauts emplois, ses missions importantes
appartiennent à l'histoire de France. Ses richesses, son nom, sa
puissance le plaçaient à la tête de la noblesse de France, dans
luttes passionnées à la suite desquelles Henri IV fut proclamé
roi de France. Sa conduite fut toujours digne, et sa politique
l'attacha au sort de Henri IV.

François de Luxembourg épousa, en premières noces, Diane
de Lorraine, fille de Claude de Lorraine, duc d'Aumale ; et en
secondes noces Marguerite, aussi de Lorraine, veuve du duc de
Joyeuse, fille du comte de Vaudémont, et sœur de Louise, femme
de Henri III.

François de Luxembourg mourut, le 30 septembre 1613, à
Pougy, où il fut enterré (1).

De son premier mariage vint un fils, Henri de Luxembourg,
qui naquit, à Pougy, en 1582, et trois filles.

A l'âge de quinze ans, Henri de Luxembourg épousait Madeleine de Montmorency, fille unique et seule héritière de Guillaume de Montmorency, seigneur de Thoré (2).

Henri de Luxembourg prit parti dans les troubles de 1614 et
de 1615, avec la noblesse de France contre la monarchie, pour

***

(1) Pougy ne conserve plus rien du passage de cette illustre famille que
les armes des Luxembourg, placées à quelques clefs de voûte de sa modeste
et antique église, souvenir des comtes de Champagne.

Un monticule fort élevé, très-étendu et encore entouré de profonds fossés, autrefois arrosés par les eaux de l'Auzon, est aujourd'hui le seul souvenir du château considérable qui s'élevait à Pougy au moyen-âge.

(2) De Montmorency, d'or à la croix de gueules ; cantonné de seize alé-
rions d'azur.

reprendre le pouvoir ou tout au moins l'influence qu'Henri IV avait enlevée à la noblesse dans les affaires du gouvernement.

Il mourut à Jargeau, à l'âge de 34 ans, se rendant d'Orléans à son château de Thoré (1). Il fut enterré à Ligny en Barrois, près de la duchesse de Luxembourg, sa femme, morte cinq mois avant lui.

Les nombreuses seigneuries de cette puissante famille passèrent à Marguerite-Charlotte et à Marie Liesse de Luxembourg-Montmorency, filles de Henri de Luxembourg.

La première épousa Léon d'Albert, seigneur de Brantes, qui prit le nom et les armes de Luxembourg. Il était frère du duc, connétable de Luynes, dont la faveur, près de Louis XIII, lui attira tant de haines. Ce mariage se fit le 6 juillet 1620. Léon d'Albert mourut le 25 novembre 1630. Après la mort de son premier mari, elle épousa Charles-Henri, duc de Clermont-Tonnerre, qui mourut le 8 juillet 1674. Elle vécut jusqu'en novembre 1680 (2).

La seconde épousa Henry de Lévis, duc de Ventadour (3).

Je laisse à Saint-Simon le récit fort piquant de la séparation de ces deux époux, et de la retraite de la duchesse de Ventadour dans un monastère de Chambéry de l'ordre réformé de Notre-Dame du Mont-Carmel fondé par elle, et de M. le duc, qui se fit chanoine de Notre-Dame de Paris. Lui, mourut le 14 octobre 1680, et sa femme le 18 janvier 1660.

---

(1) Arrondissement de Tonnerre, sur les confins des cantons de Chaource et de Cruzy.

(2) L'église de Piney possède un tableau représentant un vœu du duc de Clermont-Tonnerre et de sa femme Marguerite-Charlotte de Luxembourg et sur lequel ils sont tous deux représentés. Ce tableau orne le rétable du maître-autel.

Dans un autre tableau, d'une bonne main, représentant l'adoration des Mages, le peintre faisait figurer autour de l'Enfant-Dieu, avec leurs costumes, les illustratioms de la cour de Henri IV, et parmi celles-ci se trouvait le roi et François de Luxembourg. Ce tableau, que j'ai vu dans l'église de Piney, provenait sans doute des libéralités de François, duc de Piney.

(3) De Clermont-Tonnerre : de gueules à deux clefs d'argent, posées en sautoir.

Louis de Ventadour portait : écartelé, au premier, bandé d'or et de gueules de six pièces, au deuxième, d'or à trois chevrons de sable, au troisième, de gueules à trois étoiles à cinq rayons d'or, au quatrième, d'argent, au lion de gueules, et, sur le tout, échiqueté d'or et de gueules.

Le 12 mai 1637, Charles-Henri de Clermont-Tonnerre, duc de Luxembourg, se portant fort pour Marguerite-Charlotte de Luxembourg, sa femme, et Henri de Lévis, duc de Ventadour, prenant la même qualité pour Marie Liesse de Luxembourg, sa femme, vendaient à messire Jean VI de Mesgrigny, chevalier, seigneur de Briel et du Champ au roi, intendant des provinces d'Auvergne et de Bourbonnais, la terre et baronie de Vendeuvre, moyennant 60,000 livres.

Dans le contrat de vente, on lit : « Laquelle somme de 36,000 » livres, les seigneurs vendeurs promettent employer au fait de » la fondation et entrée en religion de la dame de Ventadour. » Le surplus, 24,000 livres, sera employé à payer les créanciers » de la maison de Luxembourg. »

Messire Jean VI de Mesgrigny était fils de Jean V de Mesgrigny, baron de La Villeneuve-au-Chêne (1).

La Villeneuve avait été érigée en baronnie par lettres-patentes de septembre 1635, en faveur de Jean V de Mesgrigny.

En 1646, le 14 mai, la baronie de Vendeuvre fut érigée en marquisat en faveur de messire Jean VI de Mesgrigny, devenu premier président au Parlement de Grenoble. Les mêmes lettres érigèrent aussi la baronie de La Villeneuve en marquisat, en faveur de Jean V de Mesgrigny, père du nouveau marquis de Vendeuvre.

Par une transaction, ces deux seigneuries longtemps réunies, et, depuis près d'un siècle, divisées, sont, en 1647, incorporées l'une en l'autre en faveur de MM. de Mesgrigny père et fils. La Villeneuve releva directement du roi à cause du comté de Champagne, et non du château de Vendeuvre, comme antérieurement à l'échange fait entre Antoinette d'Amboise et Jean III de Mesgrigny.

Messire Jean VI de Mesgrigny, chevalier, marquis de La Villeneuve-Mesgrigny, vicomte de Troyes, seigneur de Chervey et Chassenay en partie, conseiller ordinaire du roi en son conseil d'Etat et privé ;

Et messire François de Mesgrigny, chevalier, marquis de Vendeuvre, grand-tranchant et porte-cornette du roi, se font exemp-

---

(1) **De Mesgrigny : d'argent, au lion de sable, armé et lampassé de gueules.**

ter, en 1674, du service du ban et arrière-ban en raison de leurs charges.

Jean VI de Mesgrigny mourut vers la fin de 1684.

François, mieux Jean-François, succéda à son père dans le marquisat de Vendeuvre. Il était né du mariage de son père avec Renée de Bussy, qualifié baron de Brion, Meurville, Spoix et Sommelonne, et de Françoise de Saulx-Tavannes.

Il épousa Françoise du Mesnil-Simon, fille du marquis de Beaujeu.

De ce mariage naquirent trois enfants :

Charles-Hubert,

Françoise,

Et Gabrielle de Mesgrigny.

Charles-Hubert possédait la terre de Vendeuvre en 1714 et en 1720, époques où il transigeait avec les habitants de Vendeuvre sur ses droits seigneuriaux. Il vivait encore en 1729.

Il mourut sans postérité, ainsi que sa sœur Gabrielle.

Par suite du mariage de Françoise de Mesgrigny avec Claude-Léon de Bouthillier de Chavigny, la seigneurie de Vendeuvre passa à ses fils, Henri-Léon et Claude-Léon de Bouthillier de Chavigny (1).

Ils étaient neveux des évêques de Troyes, Denis et Denis-François de Bouthillier de Chavigny.

Par suite de partage, Vendeuvre et La Villeneuve passèrent, le 8 septembre 1742, en la possession de Claude-Léon de Bouthillier de Chavigny, qui les vendit, le 17 mai 1752, à messire Gabriel-Jean-Baptiste Pavée, seigneur de Chaiseau, Provenchères, Marais et autres lieux, ancien intendant des vivres, conseiller-secrétaire du roi, maison-couronne de France et de ses finances.

Après avoir rendu de grands services dans les armées royales pendant la première moitié du règne de Louis XV, messire Gabriel-Jean-Baptiste Pavée, seigneur de Chaiseau et de Provenchères, vint passer les dernières années de sa vie au château de Vendeuvre, où il mourut en 1764 (2).

---

(1) Cette famille portait : d'azur à trois losanges d'or posés en fasce.

(2) M. Pavée, seigneur de Chaiseau, et son fils, M. de Provenchéres, portaient : d'or, au paon rouant au naturel, avec chef d'azur à une croisette d'argent accostée de deux étoiles du même.

De son mariage avec Mlle Claude Legros, il eut deux enfants :
1° M. Guillaume Pavée de Provenchères, qui se plut à embellir,
selon le goût de l'époque, le château de Vendeuvre et les jardins qui l'environnaient, et Mlle Louise-Marie, qui épousa messire François-Claude Bouvier de Saint-Julien de Porte, président
de la chambre des comptes du Dauphiné.

M. de Provenchères, qui conserva la terre de Vendeuvre et
celle de La Villeneuve avec des droits seigneuriaux sur d'autres
lieux environnants, eut cinq enfants :

M. Jean-Baptiste-Gabriel Pavée, baron de l'Empire ;

M. Julien Pavée de La Villeneuve, décédé à Mantes, sans enfants ;

Une fille morte en bas âge ;

Mlle Pétronille, qui épousa M. Jean-Louis le Chanoine, comte
du Manoir de Juaye,

Et Mlle Jeanne-Louise, mariée à M. le comte de Rochefort
d'Ailly, de qui elle eut M. Amédée de Rochefort, qui mourut
sans enfants.

M. Jean-Baptiste-Gabriel Pavée de Vendeuvre, fut créé baron, sous l'Empire. Il aimait les lettres, faisait des vers, et
écrivait avec beaucoup de goût et de grâce. Il fit partie de la
Société littéraire, connue sous le nom de Lycée de l'Aube.
Le recueil de cette Société contient différentes productions
d'un style agréable et facile, et de forts bons vers, sortis de sa
plume.

M. le baron de Vendeuvre eut deux enfants : M. de Vendeuvre,
plusieurs fois députés sous la Restauration et après 1830, et créé
pair de France par Louis-Philippe ; et Mme la comtesse du Manoir, dont le mari, chef d'escadron, fut tué à Waterloo.

Nous arrêtons ici cette série glorieuse de grands noms qui

M. Pavée de Vendeuvre, baron de l'Empire, portait : parti, au premier
d'argent à quatre demi-fusées de gueules, mouvant de la pointe, surmon-
tées d'un épervier de sable, au deuxième d'azur à trois chevrons d'or. Le
tout surmonté d'un chef d'azur à une croisette d'argent accostée de deux
étoiles du même. Sur le tout, d'or au paon rouant au naturel.

M. le baron de Vendeuvre, pair de France, porte les armes pleines au
paon rouant au chef d'azur chargé d'une croisette et de deux étoiles.

M. G. de Vendeuvre, ancien représentant, porte, réunies aux armes de
la branche **Pavée de Vendeuvre**, celles de la branche **Pavée de Villevieille**,
aujourd'hui éteinte, lesquelles sont d'azur à trois chevrons d'or.

commence par les comtes de Champagne, se continue, avec les noms de Durnay, de Valéry, de Joinville, de Noyers et de Joigny, de Mello, d'Amboise, de la Rochefoucault, de Barbezieux, de Luxembourg, de Montmorency, de Mesgrigny, de Bouthillier de Chavigny, pour finir par une famille qui a tant de titres à la considération générale, au profond respect et à l'affection dont elle est entourée. Dire que la plupart des membres de cette famille ont été appelés, soit par l'élection, soit par le choix du souverain, aux distinctions les plus élevées, aux emplois les plus honorables que comporte notre organisation sociale, n'est-ce pas reconnaître la confiance que le souverain leur accordait, et que les habitants de la contrée et du département se plaisaient à justifier par le choix qu'ils en faisaient pour être leurs mandataires dans nos assemblées délibérantes ? Dire que le château de Vendeuvre fut toujours ouvert aux hommes que l'intelligence a élevés dans les lettres, les arts et la politique, n'est-ce pas reconnaître encore le bon goût et la noblesse de ses propriétaires, heureux d'accorder la plus aimable hospitalité à ceux qu'ils affectionnent ? Dire enfin qu'ils sont chers aux vieillards, aux pauvres et aux enfants, n'est-ce pas révéler les bienfaits que, chaque jour, ils répandent sur les malheureux que la vieillesse, les infirmités ou l'enfance recommandent à leur pieuse bienveillance, qui connait les moyens de rendre à ces secours toute l'efficacité et toute la durée qu'il est possible d'espérer en ce monde ?

CHAPITRE III.

Le Château de Vendeuvre.

Cet édifice considérable des premiers siècles du moyen-âge, mérite un chapitre à part. Car, si les seigneurs furent puissants, le château fut solide et pesa de toute son importance dans les guerres du moyen-âge.

Son existence ne laisse aucun doute au neuvième siècle. Ingeltrude s'y réfugie avec Wanger, son amant. Mais quelle en était la construction ? Était-ce une demeure destinée à résister à une attaque à main armée ? Était-ce au contraire une métairie dont les dispositions la rapprocheraient de celles qu'habitaient les rois de la première race? Ce dernier cas est le plus probable. Car cette sorte d'habitation comportait un caractère de défense que fort heureusement nos métairies ont perdu depuis long-temps.

Quand commença la féodalité, ce lieu dut être approprié aux besoins sociaux de l'époque, c'est-à-dire être mis en état de défense.

La peinture conservée au château de Vendeuvre et reproduite par la gravure (1), ne laisse aucun doute sur l'époque des principales et des plus anciennes constructions. Elles datent du onzième ou douzième siècle. Cette date est encore justifiée par la découverte faite, il y a quelques années, dans de vieux murs, couverts par de plus récentes constructions, d'un portail roman de la chapelle castrale, qui rappelle et précise cette époque reculée.

Ces tours et ce donjon carrés, qui formaient une masse considérable et dont l'emplacement se mesure encore facilement aujourd'hui, dominaient une grande et vaste contrée. Telles que les représente la peinture de 1614, les constructions occupaient la partie orientale et méridionale du mamelon sur lequel elles s'élevaient. Ce mamelon est autant artificiel que naturel. Si la base appartient à la colline qui détermine la vallée de la Barse, le sol en a été manié et remanié, de manière à rompre la régularité des pentes naturelles.

Les souvenirs et l'examen des lieux peuvent facilement aider à reconstituer, par la pensée, l'ancien emplacement du château, dont les travaux de défense faisaient plus que doubler l'étendue actuelle de la cour, des terrasses et des constructions. Le lieu où passe la route, qui limite le château à l'ouest, n'était qu'un fossé intérieur. Le fossé extérieur était la rue même qui porte le nom de Fossé-Tenrot. Cette rue, creuse, de direction circulaire, commence dans la grande rue, et le fossé devait aboutir jusqu'à la rivière au-dessous du moulin Cornet. Cette rue est encore dominée de chaque côté par des terrains surélevés de deux mètres

---

(1) Voir *Dissertation sur un bourg de Champagne,* par M. le baron de **Vendeuvre** (1812) ; le Voyage archéologique de M. **Arnault** (1837), et dans le volume des séances du Congrès archéologique tenues à **Troyes** en 1853, la Notice sur le bourg et le château de Vendeuvre, par M. le comte **Jules du Manoir.**

à deux mètres et demi, et sa direction contourne le château. Son plus grand éloignement du château actuel mesure environ 150 mètres. Cette rue passe ensuite devant la grille qui sert d'entrée au château, et se rajuste avec les restes des fossés qui existent à l'est et où sont placés les communs.

L'entrée du château féodal était au midi, et s'ouvrait au levant des sources de la Barse et sur le grand chemin de Troyes à Bar-sur-Aube, qui passait au-dessous du château et traversait le quartier, dit du Bourgetet ou Petit-Bourg, quartier isolé du pays par le château.

La source de la Barse alimentait les fossés, et le terrain, situé au midi, formait un étang, utile à la défense du château.

On se souvient encore de la désignation de quelques parties du château. Il y avait donjon, galerie, chapelle, salle d'armes, tour du diable. C'était du haut de cette tour que la mélusine se faisait entendre, dit-on. Cet ensemble de constructions était imposant et redoutable.

Possesseur du château de Vendeuvre, le connétable de Fiennes, personnage considérable du règne du roi Jean, dut le mettre à la disposition de son maître. Il l'aurait habité.

Miles de Noyers aurait fait exécuter des travaux importants au château de Vendeuvre. Pendant les guerres des Anglais, ce château n'avait pas moins d'importance, dans ces jours néfastes, que ceux du voisinage, tels que ceux de Bar-sur-Seine, de Chassenay, de Jaucourt, de Brienne, de Rosnay et de Beaufort.

Pendant ces guerres, il eut fort à souffrir. En partie démoli par les Anglais, Miles de Noyers et Marguerite de Melun l'abandonnèrent pour se réfugier à Rimaucourt, et, la tourmente passée, il fallut y faire de grandes réparations.

Sous Louis XI, il eut un siége à supporter. Les de Mello, seigneurs riches et puissants des frontières de Bourgogne, suivaient le parti du duc.

En 1473, le château de Vendeuvre, alors possédé par Charles de Mello, était occupé par les Bourguignons et les Allemands. Une artillerie importante en meublait les tours et les créneaux. Il y avait canons, coulevrines, serpentines et arbalètes. Mais, assiégés par les troupes royales, les Allemands et les Bourguignons furent forcés de se rendre. Avant de quitter le château, tout le matériel de guerre fut mis hors de service par les assiégés, et, de l'avis du capitaine qui tint le château pour le roi,

il fallait bien six à sept cents livres de fer pour « relier » toute
cette artillerie. Après la prise du château de Vendeuvre, les
Bourguignons rôdèrent encore pendant longtemps dans la contrée, et plusieurs prises d'armes eurent lieu pour repousser leurs
attaques. Mais le château ne retomba pas en leur pouvoir.

Le château pris par les troupes royales, la garde en fut confiée
aux Troyens, qui l'entretinrent de provisions de bouche et de
munitions de guerre dans l'intérêt de la cause victorieuse (1).

Mais Louis XI, qui voulait en finir avec la féodalité, et qui
tenait à enlever à la Bourgogne sa puissante ceinture de châteaux-forts, envoya, en 1474, un des huissiers de son hôtel pour
faire « démolir la place et château de Vendeuvre. » Cette intention royale ne fut pas réalisée, au moins entièrement, et le château demeura sur pied pour sa plus grande partie.

Si, sous Louis XI, sans être démoli entièrement, le château
de Vendeuvre perdit de son ancienne force, il n'en conserva pas
moins son aspect féodal.

Le seizième siècle ne se passa pas sans jeter quelques-unes des
constructions de ce château dans les fossés. Déjà les anciennes
enceintes n'existent plus. Dans le cours de ce siècle des habitations garnissent l'intérieur de ses fossés, et paient des droits de
censives au seigneur.

Cependant, Henri de Luxembourg pouvait encore, en 1614,
s'en servir avec Rosnay, Brienne et Pougy, comme d'un quartier-
général pour les opérations militaires, conduites, tant en Champagne que sur les frontières de Bourgogne, par les grands seigneurs mécontents de la politique de la reine Marie de Médicis,
pendant la minorité de Louis XIII. Le prince de Condé aurait,
en personne, occupé Vendeuvre et Brienne. Le château de Vendeuvre eut à subir un siége des troupes royales.

---

(1) « Payé xix liv. t. pour vendue de six septiers de froment et trois
» muids de vin du cru de Subligny, et trois queues et ung muy vaisseaulx
» vuidange ou fut mis ledict froment, le tout envoyé au mois de may 1474,
» en la place de Vendeuvre, pour l'avictuaillement de ceulx qui la gar-
» doient après l'avoir mise en l'obéissance dudict sieur (le roi). »

On peut voir la lettre d'un capitaine du château de Vendeuvre que j'ai
publiée dans ma *Notice des villes et châteaux fortifiés du département de
l'Aube, avant le* xvi*e siècle*, dans le volume que publia la Société française
pour la conservation des monuments historiques, après les séances tenues
à Troyes en 1853.

Ce même Henri de Luxembourg aurait fait de nombreux changements dans le château et ses dépendances. Il en rendit l'habitation agréable et confortable. Des appartements riches et somptueux décorèrent l'intérieur du vieux castel, et des jardins furent dessinés et plantés. C'est à lui que l'on devrait une salle du château dans laquelle il avait fait peindre tous les châteaux qu'il possédait, châteaux nombreux et qui, dans les environs, comprenaient, en outre de celui de Vendeuvre, ceux de Brienne, Ramerupt, Pougy, Rosnay, Piney, Thoré, etc. (1). Ce château fut, à cette époque, converti en habitation seigneuriale digne des familles de Luxembourg et de Montmorency.

Cette décoration, dont la destruction est à jamais regrettable, disparut sous le premier empire. Elle céda sa place à ces prétendus embellissements, sans style comme sans valeur artistique, qui dominaient alors.

Louis XIII séjourna au château de Vendeuvre pendant quatre jours, du samedi 27 septembre au 1er octobre 1631.

Le fameux édit de Richelieu ordonnant la démolition des châteaux-forts de l'intérieur du royaume dut être appliqué au château de Vendeuvre, car douze ans auparavant il avait servi de refuge à la noblesse princière soulevée contre le gouvernement de Marie de Médicis. Cet édit fit disparaître de notables parties de cet antique souvenir des temps féodaux, et le rendit indéfensable. La déclaration du roi de 1752 trouva encore des restes de tours à enlever, mais elle n'eut guère à remuer que des ruines. A une époque presque contemporaine, on eut encore à niveler et à arracher les dernières assises solidement jointes qui dépassaient le niveau du sol.

Sous les gazons des parterres, sous les tilleuls des quinconces, on aperçoit encore des pans de murailles, des sommets de voûtes qui, souterrainement, jallonnent encore les constructions jadis rabattues jusqu'au niveau du sol. Peut-être un jour retrouvera-t-on, dans ces substructions, des témoins muets, indices de faits

---

(1) La peinture, datée de 1614, et représentant le château de Vendeuvre, faisait sans doute partie de cette série de châteaux.

On sait que Louis-Philippe réalisa la même idée en faisant peindre sur porcelaine les châteaux royaux, et en en décorant l'une des salles du château de Fontainebleau.

mystérieux dignes d'intéresser la sagacité des archéologues, sur des évènements dont le château et ses antiques constructions auraient été le théâtre.

Après l'acquisition de la terre de Vendeuvre par Jean VI de Mesgrigny, les habitants du pays firent de vains efforts pour empêcher ce nouveau seigneur de prendre possession du château, en raison de leur attachement à la famille de Luxembourg, dont quelques membres prétendaient exercer le droit de retrait lignager. Mais un arrêt débouta ces derniers de leurs prétentions. Néanmoins, ce ne fut que par la ruse, la violence et pendant la nuit, que les gens de M. de Mesgrigny purent pénétrer dans l'intérieur du château et s'en mettre en possession.

C'est à ce même Jean de Mesgrigny que l'on devrait les dispositions principales du château actuel dont les fort belles proportions intérieures rappellent les grandes habitations du dix-septième siècle.

Les jardins furent modifiés par Hubert de Mesgrigny en 1725. M. Pavée de Vendeuvre, après son acquisition, les décora, dans le goût du dix-huitième siècle, avec charmilles, obélisques et fer à cheval. Son fils, M. de Provenchères, mit la dernière main à cette décoration, et M. de Vendeuvre, pair de France, leur donna les dispositions de simplicité et de grandeur que nous leur voyons aujourd'hui.

Le dessin qui accompagne cette notice représente le château dans son état actuel. Il est dû au crayon habile de M. Gaussen, qui a bien voulu se charger de ce travail.

DEUXIÈME PARTIE [1].

CHAPITRE I.

IV⁰ siècle. — 1255.

Légende de Mélusine. — Légende du Valsuzenay. — Cimetière, Vases et Armures des ive, ve et vie siècles. — Monnaie Mérovingienne frappée à Vendeuvre. — Vendeuvre dépendant du fisc des rois Mérovingiens. — Il est donné à l'abbaye de Fontaine-Bèze. — Histoire d'Ingeltrude, femme de Boson, comte de Provence. — Fondation de l'abbaye de Montiéramey. — *Querelle* entre Ottulphe, évêque de Troyes, et Isaac, évêque de Langres, à l'occasion de Vendeuvre. — Fondation de l'abbaye de Beaulieu. — Arbitrage de Saint-Bernard entre cette abbaye et celle de Boulancourt. — Fondation de l'abbaye de la Rivour. — Origines celtiques, gallo-romaines et du moyen-âge des villages situés aux environs de Vendeuvre. — Les chevaliers du Temple achètent des forêts près de Vendeuvre. — Etat des populations rurales au xiie siècle. — Construction des églises dans les villages situés aux environs de Vendeuvre.

Dans la première partie de cette notice, nous avons rapporté une légende mythologique sur l'origine de Vendeuvre et sur les travaux en usage dans la contrée. Le château eut aussi la sienne. Celle-ci est empreinte d'un caractère qui appartient au moyen âge, à la féodalité. On la retrouve attachée aux châteaux voisins, de Brienne et de Chassenay, comme à certains vieux

---

(1) Le plan indiqué l'an dernier lors de la publication de la première partie, n'a pas été complètement suivi. Dans cette seconde partie, nous

châteaux de Picardie et de l'Artois. La famille de Lusignan a fait de l'héroïne de cette légende le cimier de ses armoiries. Je veux parler de Mélusine, représentée moitié femme et moitié serpent. Si son portrait est partout le même, ses actes varient.

A Vendeuvre, Mélusine est une princesse vandale, cruelle envers ses sujets. Dans la nuit qui précède le 2 novembre, jour des Trépassés, Mélusine, après que la partie inférieure de son corps fut changée en serpent, se rendait au haut du donjon du château. Là, elle demandait à grands cris la fin du monde, espérant voir terminer ses souffrances. Puis, dans la même nuit, elle se rendait aux châteaux de Brienne et de Chassenay, où elle jetait les mêmes cris et faisait les mêmes prières (1).

Le Valsuzenay, mieux Val-sur-Zeneth, possède aussi sa légende. Celle-ci est toute chrétienne.

L'ancien grand chemin de Bar-sur-Seine à Brienne, par Vendeuvre, passait près du lieu où fut élevée la chapelle que l'on voit encore aujourd'hui. Un pauvre homme y embourba son char et ses chevaux. Il eut recours à la vierge Marie. Au même instant, une image de la mère de Dieu lui apparut. Secouru dans son malheur, il édifia une chapelle au-dessus de la claire fontaine qui remplaça le gouffre où il avait failli périr, et y plaça l'image miraculeuse. Ce lieu devint l'objet d'une grande dévotion, et un village se groupa autour de la modeste chapelle.

Des légendes passons aux faits historiques.

Une tradition écrite fait remonter la fondation de Vendeuvre, ou l'existence d'habitants aux sources de la Barse, à l'an 395.

---

avons suivi l'ordre chronologique sans diviser les deux sujets de notre étude. Quant à l'appendice, il aurait fait double emploi après l'analyse développée des textes qui l'auraient composé.

(1) Avant 1789, on conservait encore au château de Vendeuvre un tableau représentant Mélusine au haut du donjon. (Chevalier, *Essai historique sur Vendeuvre*, 1788, manuscrit.)

A Chassenay, Mélusine était issue de la famille de Broyes. Au temps des Croisades, pendant l'absence de son mari, Erard III, et contre le gré de celui-ci, elle aurait fait construire des bains. Après sa mort, Mélusine de Broyes apparaissait chaque nuit dans ces bains, revêtue d'une longue robe blanche. On l'entendait gémir, dit-on, et se plaindre des souffrances qu'elle ressentait et des remords qu'elle éprouvait pour avoir désobéi aux volontés de son mari.

ravagés, et les titres des donations qu'on lui avait faites furent enlevés et perdus. L'abbé, pour réparer ce malheur, eut recours à Sichelm qui, sous le titre de duc, avait l'administration de la Bourgogne. Il le pria d'obtenir du roi des lettres qui remédiassent à la perte des titres de son abbaye. Sichelm, à cet effet, s'adressa aux maires du palais. Le roi, sur le compte qui lui fut rendu, délivra, en août 664, un diplôme par lequel il accorda à l'abbé ce qu'il lui demandait. Cet acte rappelle le pillage de l'abbaye et l'enlèvement des chartes. Le roi veut que tout ce qui sera prouvé avoir été concédé à l'abbaye de Bèze lui soit assuré, puis il rappelle dans l'acte qu'il souscrit les biens dont l'abbaye avait la jouissance.

Le nom de *Vendovera, Vendeuvre,* se trouve parmi un grand nombre d'autres appartenant, pour la plupart, au pays Bourguignon. On en remarque quelques-uns qui s'appliquent à des lieux situés près de Vendeuvre. Ainsi *Blaniacum,* Bligny, jusqu'au dernier siècle, appelé *Blaigny,* dans les actes, et encore aujourd'hui dans le langage des habitants : *Beria,* Beurey. *Cipetum* qui doit être Cepoy, Sepoy, aujourd'hui Spoy.

En 664, Vendeuvre n'est encore qu'une colonie agricole. Mais deux siècles après, en 865, il a plus d'importance. C'est là qu'Ingeltrude, l'épouse adultère de Boson, roi de Provence, vient se cacher avec Wanger, son amant.

Louis-le-Débonnaire (de 844 à 840) avait placé Vendeuvre dans le domaine de Saint-Pierre. Mais un certain Guyon ou Widon empêchait le pape d'en prendre possession. En 865, Arsène, évêque d'Ostie et légat du pape, vint en France pour obtenir de Charles-le-Chauve que le pape fut mis en possession de Vendeuvre. Deux lettres du pape Jean VIII, écrites l'une aux comtes Hugues et Raoul, et l'autre au comte Boson, témoignent de son désir de voir remettre en son pouvoir le domaine de Vendeuvre, que réclamait aussi l'abbaye de Pothières, près de Châtillon, comme l'ayant reçu du comte Gérard de Roussillon, son fondateur.

En 865, une femme bien coupable, si nous en croyons ses contemporains, est venue se réfugier, elle et son amant, dans la *villa* de Vendeuvre, sous la protection de Lothaire, roi de Bourgogne et de Neustrie.

Ingeltrude, fille du comte Matfried, avait épousé Boson, comte de Provence, plus tard roi de Lombardie. Elle quitta son mari, et s'enfuit avec Wanger, son esclave, son familier, « famulum suum. » Elle parcourut la Gaule, « vagabondant de côté et d'autre, » dit l'anathème fulminé contre elle. Boson tenta en vain de faire cesser cette vie, objet de scandale pour toute la chrétienté. Ne pouvant y parvenir, il eut recours au pape Benoît III, qui exhorta sans succès l'empereur Lothaire, les princes, les évêques et tous les fidèles, à ramener l'épouse criminelle. Le pape Nicolas Ier, qui succéda à Benoît, en 858, sur le trône de Saint-Pierre, continua les mêmes exhortations, qui n'eurent pas de meilleurs résultats. Cette femme ne pouvait se fixer nulle part.

Dans un concile, tenu à Milan, une première excommunication fut lancée contre elle. Cet énergique moyen de répression fut de nouveau employé au concile de Metz, en 863. Dans ce concile fut prononcé l'anathème suivant :

« Nous avons dernièrement anathématisé régulièrement, ainsi
» que ses fauteurs, Ingeltrude, fille du feu comte Matfried, qui,
» après avoir quitté Boson, son mari, court le pays depuis en-
» viron sept ans, vagabondant de tous cotés. Mais à cause de sa
» contenance, nous ordonnons qu'elle soit liée des nœuds d'un
» anathème réitéré. Ainsi donc, au nom du Père, et du Fils, et
» du Saint-Esprit seul et vrai Dieu et de tous les saints Pères et
» de toute la sainte Eglise, catholique, apostolique de Dieu,
» qu'elle soit anathème avec tous ses complices, tous ceux qui
» communiquent avec elle, et lui prêtent assistance ; en sorte
» que, comme nous l'avons déjà décrété, si quelqu'un osait
» communiquer ou s'entretenir avec elle en quelque manière
» que ce soit, si c'est un clerc, que, lié du même lien, il soit dé-
» pouillé des fonctions cléricales, que les moines aussi et les
» laïques, s'ils désobéissent au présent décret, qu'ils soient éga-
» lement anathématisés.

» Si quelqu'un méprise ces préceptes, mandats, interdiction,
» ordonnances ou décrets salutairement promulgués par le chef
» du siége apostolique pour la foi catholique, la discipline ecclé-
» siastique, la correction des fidèles, l'amendement des coupa-
» bles, ou la prévention des maux imminens ou à venir, qu'il
» soit anathème. »

Deux ans après cette formidable menace de l'église catholique, le pape Nicolas fut informé que Wanger et la reine de Lombardie s'étaient fixés à Vendeuvre, sur les confins du royaume de Bourgogne, et sous la protection du roi Lothaire. Il écrivit aux

Ce fait, s'il fut hypothétique pendant longtemps, est aujourd'hui justifié.

En 1853 et en 1854, dans le quartier des Voies-de-Vienne, on découvrit des vases dont la forme appartient à l'époque mérovingienne.

Vers le même temps, dans un terrain dépendant aujourd'hui du cimetière, en nivelant le sol, on mit à découvert, avec de nombreux fragments de poterie, l'atelier même d'un potier.

Sur l'emplacement actuel de la gare du chemin de fer, on mit au jour des cadavres, et, avec ces cadavres, des fragments d'armures, des boucles, des ornements à usage d'homme, et des monnaies à un type semblable à celui des pièces de Julien et de Valentinien qui régnaient dans la dernière moitié du IVe siècle.

Ce cimetière avait une longueur de plus de cent mètres, et s'étendait au midi de la gare. Vendeuvre existait donc aux temps gallo-romains.

Sous nos rois mérovingiens, Vendeuvre eut son atelier monétaire. Quelques collections conservent avec soin une pièce de monnaie dont le type appartient à ces premiers temps de la monarchie française. Cette pièce porte le nom de *Chrodoaldus* pour monnayer, et celui de *Vindovera* pour indiquer le lieu où elle a été frappée. Les numismates n'hésitent pas à l'attribuer au Vendeuvre qui nous occupe.

Un illustre écrivain, que la mort a enlevé naguère à ses nombreux travaux, M. Augustin Thierry, recherchant les origines de notre société, a fait un tableau de cette époque si douloureuse, et d'où devait un jour sortir le monde moderne. Ce tableau est si vrai pour notre contrée, que je m'empresse de le rapporter ici.

M. Augustin Thierry, appréciant la position des diverses classes qui peuplaient la Gaule au moment où les éléments gaulois, romains et franks se disputaient l'avenir de l'ancienne Gaule, après les luttes du IVe et du Ve siècles, s'exprime ainsi :

« Il se forma, dans toute l'étendue de la Gaule, une masse
» d'agriculteurs et d'artisans ruraux dont la destinée fut de plus
» en plus égale sans être jamais uniforme, et un nouveau travail
» de création sociale se fit dans les campagnes pendant que les
» villes étaient stationnaires ou déclinaient de plus en plus.
» Cette révolution lente et insensible se lia, dans sa marche
» graduelle, à de grands défrichements du sol exécutés sur

» l'immense étendue de forêts et de terrains vagues qui, du fisc
» impérial, avaient passé dans le domaine des rois franks, et
» dont une large part fut donnée par ces rois en propriété à
» l'Eglise, et en bénéfice à leurs fidèles.

» L'Eglise eut l'initiative dans cette entreprise du mouvement
» de vie et de progrès. Les dépendances d'une abbaye formaient
» ce qu'aujourd'hui nous appelons une ferme-modèle ; il y avait
» là des exemples d'industrie et d'activité pour le laboureur,
» l'ouvrier, le propriétaire.

» Sur chaque grande terre dont l'exploitation prospérait, les
» cabanes des hommes de travail, lites, colons ou esclaves,
» croissaient en nombre et arrivaient à former un hameau. Ce
» hameau, placé près d'un cours d'eau, devenait un village. La
» construction d'une église érigeait le village en paroisse, qui
» prenait rang parmi les circonscriptions rurales. C'est ainsi
» qu'en dehors des municipes, des villes et des bourgs, des élé-
» ments de rénovation se formaient pour l'avenir par la mise en
» valeur de grands espaces de terre inculte, par la multiplication
» des colonies de laboureurs et d'artisans, et par la réduction
» progressive de l'esclavage antique au servage de la glèbe. »

En lisant ce passage, extrait de l'introduction de l'*Essai sur
l'Histoire de la formation et des progrès du Tiers-Etat* (1), on
pourrait croire que M. Augustin Thierry a pris pour exemple
les faits qui se sont passés dans l'*Ager Vendoverensis,* et que
nous allons rapidement développer.

Les premières huttes qui furent construites dans la contrée
s'élevèrent aux sources de la Barse (2). L'heureuse position du
lieu ne tarda pas à y attirer une population qui devint le centre
autour duquel se groupèrent plus tard de nombreux villages et
hameaux. Vendeuvre et son territoire appartenaient *au fisc im-
perial romain,* et comme tels ils passèrent dans les domaines
des rois franks, successeurs de Clovis. L'un des prédécesseurs
de Chlotaire III, roi de Burgondie et de Neustrie, avait donné
Vendeuvre et son vaste territoire à l'abbaye de Fontaine-Bèze,
comprise dans le pays de Langres (3). Durant les guerres sur-
venues sous le règne de ce roi, les biens de cette abbaye furent

---

(1) Deuxième édition, 1853, p. 11, 12, 13.
(2) *Barsan,* rivière qui surprend.
(3) Bèze, arrondissement de Dijon.

Der dans la direction de Vendeuvre. Cette ouverture mit en communication l'*ager Vendoverensis* avec le pays troyen, le pays où dominait le pouvoir de l'évêque de Langres avec celui qui reconnaissait le pouvoir de l'évêque de Troyes.

Vendeuvre n'était qu'à une faible distance de cette dernière ville, et était fort éloigné de Langres, sa métropole. En se reportant à cette époque, où les circonscriptions, comme l'étendue du pouvoir, étaient mal déterminées, il ne faut pas s'étonner qu'Ottulphe, évêque de Troyes, ait tenté de faire passer sous son bâton pastoral, un lieu de quelqu'importance si rapproché de la ville, chef-lieu de son évêché.

La *querelle* élevée par lui sur la possession de Vendeuvre, *Villa venderevensis,* aurait duré plusieurs années. Elle prit fin par la décision du concile réuni à Troyes, en 878, laquelle fut favorable à l'évêque de Langres. Vendeuvre fit partie de cet évêché jusqu'en 1790. A ce concile assistait le pape Jean VIII, venu en France pour demander des secours contre son ennemi, Lambert, duc de Spolète, et ce fut à la suite de ce concile que le pape sacra, le huit septembre, à Troyes, le roi Louis-le-Bègue (1).

La réclamation d'Ottulphe est un fait important. Elle indique un changement notable dans l'état de la contrée. Si les forêts qui séparaient Troyes de Vendeuvre n'eussent pas été, au moins en partie, défrichées, et n'eussent, par ce moyen, mis en communication l'un avec l'autre, Ottulphe aurait laissé Isaac, de Langres, jouir paisiblement de ses droits sur Vendeuvre. Mais les religieux de Montiéramey avaient porté la hache, peut être le feu, dans ces forêts que l'on peut, à bon droit, nommer druidiques. Peut-être même une partie de ces antiques forêts a-t-elle disparu sous l'application des dispositions du capitulaire de Charlemagne, donné en 794 (2), et qui ordonne la destruction des bois sacrés. N'oublions pas non plus que saint Prudence, évêque de Troyes, dans son panégyrique de Sainte-Maure, nous

---

(1) *Concilium Tricassinum (actio V)*.

Ottulfus venerabilis episcopus sanctæ Tricassinæ ecclesiæ libellum obtulit reclamationis super Isaac de Villa venderevensis suamque dicebat eum obtinere parœciam. (Acte des conciles, t. VI, page 194.)

(2) Isambert. Anciennes lois françaises.

apprend que de son temps (853), il y avait encore des payens à Troyes et dans les environs.

Pendant les xe et xie siècles, on perd les traces historiques du développement de Vendeuvre et de ses environs.

Mais si le développement de la population rurale ne laisse aucun souvenir qui se rattache directement à elle, cette population est toujours sur l'arrière-plan, lorsqu'il s'agit de la fondation de nouveaux monastères. Si de saints prêtres se vouaient, au xiie siècle, à la prière et au travail des champs, ils n'accomplissaient pas ce rude sacrifice pour eux seuls. Autour d'eux, sous la protection de leur foi ardente, et souvent de leurs fortes murailles, se groupaient des laboureurs et des artisans.

A vingt-cinq ans de distance, sur les confins de la forêt du Der, l'une à l'est et l'autre à l'ouest, l'une sur les rives de l'Aube, l'autre sur celle de la Barse, deux fondations importantes s'élevèrent sous le signe du chrétien, et bientôt des forêts impénétrables furent converties en champs cultivés. Autour de chacun de ces deux centres se groupèrent des exploitations agricoles, et si quelques-unes ont succombé, d'autres ont survécu aux événements malheureux qui affligèrent le pays depuis leur création.

En 1112, Obbert, Alard et Odon, tant par eux que par leurs compagnons, fondèrent l'abbaye de Beaulieu, avec le consentement de l'évêque de Troyes, Philippe. Ils s'établirent dans la paroisse de Berville (1), et en occupèrent l'église, dédiée à saint Marc. Cette église était alors déserte et à demi-ruinée.

Les biens du ciel n'étaient pas les seuls que recherchaient les religieux de cette époque. Ils ne négligeaient pas les relations temporelles. Un acte important, souscrit par saint Bernard, abbé de Clairvaux, termine un différent soulevé entre les religieux de Beaulieu, de Basse-Fontaine et la Chapelle-aux-Planches, qui dépendaient de l'ordre de Prémontré, et ceux de Boulancourt, qui suivaient la règle de Cîteaux (2).

Voici quelques passages de cet acte, daté de l'an 1142 :

« Personne, en l'ordre de Cîteaux et en l'ordre de Prémontré,
» ne prendra lieu pour édifier abbaye près l'abbaye de l'autre
» ordre, qu'il n'y ait l'espace de quatre lieues. De métairie à

----

(1) Paroisse disparue dès cette époque, au moins en grande partie.

(2) Desguerrois. *Saincteté chrétienne,* f° 284, r°.

évêques de ce royaume pour les instruire de l'excommunication qui pesait sur la reine adultère et sur son complice. Il les invita à renouveler l'anathême des conciles de Milan et de Metz. Il écrivit aussi au roi Charles-le-Chauve par Arsène, évêque d'Ostie, et son légat, afin d'obliger son neveu Lothaire à ne plus les souffrir dans ses états. Le roi Charles, joignant ses instances à celles de « l'Apostole » (le pape), fit de vains efforts près de son neveu pour obtenir de lui l'expulsion d'Ingeltrude et de Wanger. Il n'y put rien.

Néanmoins, peu après, Ingeltrude avait quitté Vendeuvre.

En 866, le même Arsène, se dirigeant vers l'Allemagne, trouva Ingeltrude dans une ville située sur le Danube, ville que la chronique ne nomme pas. Après de nouvelles et vives exhortations pour la décider à se rendre à Rome, afin de se faire relever de l'excommunication qui pesait sur elle, Ingeltrude promit au légat du pape, par serment, juré au nom de l'église catholique et apostolique, au nom de « l'Apostole, » du Père, du Fils, et du Saint-Esprit, par les quatre Evangiles du Christ et sans malice, de retourner près de son mari, de rentrer dans Rome avec Arsène ou avant lui. Mais « ce terrible serment » ne lia pas l'adultère Ingeltrude. Elle annonça son départ pour Rome, mais Rome ne la revit pas.

Le silence des chroniqueurs fait croire que cette femme coupable termina sa vie dans une profonde obscurité, et encore frappée du double anathême prononcé contre elle.

Par l'agitation et le trouble qu'il jeta dans le monde chrétien, cet épisode fut l'un des plus dramatiques dont les chroniqueurs du ix⁰ siècle nous aient conservé le souvenir.

En 865, Arsène, légat du pape, alla vers Lothaire et Charles-le-Chauve dans un triple but. Il leur portait, d'une part, une lettre du pape Nicolas I, pleine de terribles imprécations « inconnues » jusqu'alors à la modestie du siége apostolique » contre ceux qui avaient enlevé, par violence, de grands trésors à ce même Arsène (1), et, d'autre part, la première excommunication prononcée contre Ingeltrude. Il demandait, en outre, comme nous l'avons dit plus haut, à Charles-le-Chauve, que la *villa* de Vendeuvre, donnée par Louis-le-Débonnaire à Saint-Pierre, fût res-

---

(1) Il avait été volé dans les environs de Châlons-sur-Saône.

tituée au pape, villa retenue alors, et depuis plusieurs années, par un certain Guy ou Widon (1).

Mais revenons quelques années en arrière, et rappelons les événements qui se rapportent aux populations de la contréé.

En 837, au temps du comte de Troyes Aledran, et sous l'épiscopat de Adalbert, évêque de Troyes, le moine Adhémar vint planter la croix sur un monticule placé aux bords de la Barse et dans la forêt du Der. Ce moine sortait de Troyes et, comme le disent les chartes de fondation et de donation, le temps n'était pas seulement consacré à la prière, mais encore au travail manuel, au travail pénible du défrichement. Cette fondation s'éleva sur le territoire même de Vendeuvre, qui s'étendait encore au-delà. C'est à ce pieux établissement que l'on doit la formation des villages de Montiéramey, de Montreuil et du Mesnil-Saint-Père, villages qui prirent leur origine, ainsi que les hameaux et fermes qui s'élevèrent dans les environs, de métairies ou *granges,* comme on disait alors, appartenant aux religieux dont les domaines s'étendirent et s'augmentèrent rapidement.

La nouvelle abbaye s'établit près du *Meiz corbon* (maison de Corbon), qu'elle absorba bientôt en substituant le nom de Nouvelle-Celle-en-Der, *Cella nova in Dervo,* remplacé plus tard par celui de *Montier arrame,* par celui de *Montier amé,* et enfin par *Montiéramey.* En 864, Charles-le-Chauve confirme une donation faite par Odon aux religieux de Montiéramey, qui avaient demandé à faire essarter la forêt du Der, afin d'y établir une église, près de la Barse, et de mettre en culture quelques parties de cette forêt. Aledran, comte de Troyes, et, selon quelques-uns, en même temps gouverneur de Vendeuvre, donna aux religieux la place du couvent et une grande superficie dans la forêt du Der. Charles-le-Chauve, en confirmant les donations faites aux religieux, y ajoute certains fonds de terres et de bois.

C'est à l'établissement de l'abbaye de Montiéramey et au défrichement qui s'en suivit, que l'on doit l'ouverture de la forêt du

---

(1) On peut être étonné de voir « la villa de Vendeuvre » réclamée par le pape à Charles-le-Chauve, tandis que le pouvoir de Lothaire est invoqué comme souverain pour expulser Ingeltrude de Vendeuvre. Les deux souverains possédaient-ils tous deux Vendeuvre, ou Lothaire avait-il cédé Vendeuvre à Charles-le-Chauve? La question reste sans réponse. Dans tous les cas, Vendeuvre était sur sur les confins des deux royaumes.

Age, pour en expliquer le sens. Villy-en-Trode, placé sur la Bodronne, et dont l'existence est antérieure à 884, porte un nom que l'on a traduit par *Villa, Ville-en-Boue*. Certes, cette traduction ne se justifie que trop par la nature argileuse du sol sur lequel ce village est assis. Il est encore un nom : Valsurzeneth (depuis Vausuzenain, Valsuzenain, enfin Valsuzenay), dont l'origine celtique serait établie sans effort par la voie étymologique. *Val*, vallon, *sur*, source, *zeneth*, prêtresse, vierge. Cette décomposition, faite sans altération de l'orthographe, est chose rare. Elle donne : *le Val de la source de la prêtresse ou de la vierge*. Ce lieu, situé dans la forêt du Der, avant d'être consacré au culte catholique, a donc pu être habité par des prêtresses ou vierges gauloises. La tradition veut même que les fondations de la chapelle recèlent des preuves certaines de cette haute antiquité.

Les groupes d'habitations, assis sur les rivières de l'Aube, de l'Arce et du Landion, qui limitent l'*Ager Vendoverensis*, au nord et à l'est, ont un autre aspect que ceux qui environnent Vendeuvre. La coupe des bâtiments rappelle les formes méridionales, c'est-à-dire romaines. Un toit presque plat, à deux versans, de tuiles rondes, couvrait naguères toutes les habitations dans les contrées que nous venons de nommer. Les maisons sont groupées, resserrées les unes contre les autres, sans être isolées par des vergers ou par des jardins.

A Vendeuvre, comme dans les villages qui l'entourent, les toits sont à angle aigu, et la coupe de l'ensemble des constructions n'a aucune ressemblance dans ses dispositions générales comme dans ses lignes architectoniques, avec celles des vallées de l'Aube, de l'Arce et du Landion. Dans les premiers, les habitations sont isolées les unes des autres par des vergers. Dans les seconds, au contraire, les habitations sont agglomérées.

Ces différences essentielles, dans les constructions, dénotent une autre origine, donnent une autre date à la création de ces villages, et témoignent d'autres besoins, d'autres habitudes.

Maintenant, si l'on fixe son attention sur les noms des villages, on trouve, d'une part, les noms de *Bligny* ou *Blaigny*, *Spoy* ou *Cepoy*, *Argançon*, *Jessaint* ou *Jersaint*, *Juvanzey* ou *Juvandey*, *Trannes*, *Vitry*, *Chervey*, *Aiguilly*, *Bertignolles*, *Chacenay*, etc. L'étymologie de ces noms appartient à une langue qui n'est plus à notre usage, et dont les éléments nous sont maintenant inconnus. Cette langue n'est plus de notre domaine, et, à quelques recherches que l'on se livre, le doute le plus grand régnera sur les résultats obtenus : car on ne peut arriver qu'à des présomptions si l'on se livre à des recherches purement philologiques.

Après cette série de noms, il en vient deux autres dont l'origine est certainement moins ancienne. Elles seraient contemporaines l'une de l'autre. La première comprend : *Meurville, Unienville, Dienville, Ailleville ;* et la seconde : *Jaucourt, Dolancourt, Bossancourt.* Nous arrêtons ici nos citations pour ne pas sortir d'un certain rayon. La langue des temps gallo-romains peut donner la signification des noms que comprennent ces deux séries ; sinon de tous, au moins de quelques-uns d'entre eux, et l'on peut ainsi reconnaître la date à laquelle ces lieux ont commencé à être habités.

Les villages, dont les noms avaient pour terminaison *ville,* étaient primitivement des villas (1). Ces noms se sont composés de cette terminaison et d'un nom d'homme ou de tout autre choisi souvent en raison de la nature du sol, de l'aspect des lieux, etc.

Les noms terminés par le substantif *court* (2) ont subi les mêmes lois. Le nom de Bossancourt est traduit dans une charte du ixe siècle par *Bosonis Curtis,* jardin, terrain cultivé, de Boson.

Nous ne poursuivrons pas au-delà cette digression, nous en avons assez dit pour établir ce que nous tenions à justifier. La contrée qui nous occupe conserve donc des témoignages certains de l'existence des Gaulois, du passage de la civilisation gallo-romaine en même temps que du développement agricole des xie et xiie siècles, dû à l'influence des établissements religieux. Les traces de ces trois époques sont encore empreintes pour longtemps dans les lieux où nous les avons constatées, malgré l'influence du grand niveau administratif qui agit au fond du moindre village comme au milieu de nos grandes cités.

---

(1) Métairie, lieu habité par des laboureurs, d'où vint plus tard le substantif VILLAIN.

(2) Court, *curt, curtis, cors,* d'où *curtil, courtil,* jardin ; *courtillier,* jardinier ; *courtillage,* jardinage. Ce nom, qui signifie terrain cultivé, s'appliquait à un village ou hameau formé de colons ou de serfs uniquement occupés à la culture des terres.

» métairie, ou d'une métairie à l'abbaye, il y aura au moins une
» lieue de distance. La demeure ou le couvent des sœurs de
» l'ordre sera distant de l'abbaye de deux lieues. Toutefois, les
» terres qui ont été reçues avant an et jour de la date de cet
» acte, ne seront pas soumises à cette obligation, si elles suf-
» fisent chacune à une charrue ou qu'elles soient reçues pour
» édifier une abbaye. Si aucun de l'un de ces ordres vient à
» traiter pour acquérir quelque chose, personne de l'autre ordre
» ne viendra courir sur le marché ou l'empêcher, que l'autre
» ne l'ait du tout quitté de son plein gré. »

En 1137, l'abbaye de la Rivour élevait ses murailles sur un fond de terre nommé *Buxei* (1), appartenant à celle de Saint-Loup de Troyes, aux reins de la forêt du Der, et près du canton nommé l'Orient. Des donations nombreuses et abondantes en firent bientôt une riche abbaye, et des métairies ou fermes s'élevèrent promptement sur l'aire des forêts défrichées. Hilduin de Vendeuvre donna à ce nouvel établissement la forêt de Dosches. Thibaut de Vendeuvre, Hermangarde, sa femme, et Geoffroy, leur fils, lui abandonnèrent la forêt de la Rivour. Le nom de cette forêt devint celui de l'abbaye.

Les périodes de calme de ces siècles, couverts de si épaisses ténèbres, ont vu s'élever successivement les différentes communautés d'habitants qui entourent Vendeuvre, d'un double rang de villages, dont l'origine ne peut être attribuée qu'au développement successif de la population, livrée exclusivement à des travaux agricoles. La création de ces villages n'a été déterminée, comme l'indiquent les dispositions de chacune comme de l'ensemble des habitations, que par les besoins d'une population livrée aux travaux des champs, trop à l'étroit, et qui dressait ses tentes là où elle avait le légitime espoir de se livrer à un travail utile et profitable. Aussi, la tradition, comme les noms que portent ces villages, nous apprennent-ils qu'il ne faut pas remonter au-delà des XIe et XIIe siècles pour rechercher les origines du plus grand nombre de ces villages. Ainsi : Vauchon-villiers (2), le Magny-Fouchard, Magnant, le Mesnil-Saint-

---

(1) Buxei, lieu et humide.

(2) *Van ou Val, vallon; Villiers, Villa, hameau :* village entre deux vallons. C'est la position topographique de cette commune.

Père (1), Nuisement (2), le Puits (3), Montmartin (4), Briel (5),
Longpré (6), la Ville-au-Bois (7), la Villeneuve-au-Chêne (8), le
Champ-au-Roi, la Maison-des-Champs, la Loge-aux-Chèvres (9).

Mais pour d'autres villages qui se trouvent dans le même pé-
rimètre, tels que Beurey, dont l'existence est constatée au
viie siècle (10), et qui domine toute la contrée, Marolles qui commande la vallée de la Seine et toute la plaine au-dessus de
Troyes, Thieffrain, placé aux sources de la Bodronne (11),
Amance, qui a pris le nom de la source, autour de laquelle ce
village est bâti, et dont les eaux vont se jeter dans l'Aube (12),
pour ces noms, disons-nous, comme pour celui de Vendeuvre,
il faut une autre langue, une langue antérieure à celle du Moyen-

---

(1) *Magny-Fouchard, Magnant, Mesnil-Saint-Père* ou *Saint-Pierre.*
Magny, Magnie, Mesnil. — Habitation, ferme, métairie. — *Fouchard,*
nom propre, servant à distinguer ce Mesnil d'autres lieux portant le même
nom commun. *Saint-Père* ou *Saint-Pierre.* Saint-Pierre était le premier
patron de Montiéramey.

(2) *Nuisement.* — Incommodité, obstacle, lieu fâcheux. Le département
de l'Aube compte plusieurs localités de ce nom qui se font remarquer par
leur situation sur un terrain fangeux.

(3) Le Puits. — Doit son nom à un puits naturel qui souvent dé-
borde, et non à une montagne, à un pic, comme Puy-en-Velay, Puy-de-
Dôme, etc.

(4) *Montmartin.* Mont de Martin. De ce lieu, où l'on arrive par une
pente fort douce, on domine la plaine jusqu'au-delà de Troyes.

(5) *Briel.* Breuil, pré, prairie.

(6) *Longpré.* — Longpré, village situé dans un étroit vallon, dont le
fond est occupé par des prés.

(7) *La Ville-au-Bois.* Une villa était encore, au xe et xie siècles, une habitation isolée, un petit groupe d'habitations; et la qualification de ville fut
donnée jusqu'au xve siècle à des lieux qu'aujourd'hui on qualifie de village.

(8) *Villeneuve-au-Chêne.* Villeneuve fondée dans les premières années
du xiiie siècle. Sa fondation fut confirmée par charte de 1255.

(9) *Le Champ-au-Roi, la Maison-des-Champs, la Loge-aux-Chèvres.* —
Noms qui, appartenant à la langue vulgaire, donnent aux villages qui les
portent, une origine presque moderne, et qui ne peut être antérieure au
xiie siècle.

(10) Diplôme cité plus haut et délivré en faveur de l'abbaye de Fontaine-
Bèze, en 664.

(11) *Bodronne,* rivière qui inonde.

(12) Amance, Armance, rivière qui fertilise.

Vendeuvre devait se sentir du voisinage de la ville où s'organisa, où se réglementa, sous l'influence d'un concile et de saint Bernard, la grande milice des chevaliers du Temple. Cet ordre religieux fut fondé par Hugues de Payens en 1118, et reçut sa règle de saint Bernard en 1127, à la suite d'un concile tenu à Troyes. L'activité des chevaliers se déploya pendant la durée des croisades, et les circonstances se modifiant avec le temps, ils devinrent dans nos contrées les plus grands propriétaires terriens. Aussi travaillent-ils avec ardeur, dans le cours du XIIIᵉ siècle, au défrichement des forêts, comme les autres ordres religieux dans les siècles précédents.

En 1230, on les trouve possesseurs d'une rente de vingt sous sur une maison sise à Vendeuvre. Ils tenaient cette rente de Henri Ribault.

En 1255, ils achètent deux mille cinq cents arpents de terre de Bernard de Montcuc (1). Cette vente leur est confirmée par Marguerite et Jehan de Durnay. Ils achètent ou reçoivent une quantité considérable de terrains qu'ils défrichent, et sur lesquels ils élèvent de nombreuses métairies qui reçoivent le nom de *Loges*. Ils édifient une *maison forte* au milieu de la forêt d'Orient, dans le canton qui prit nom du Temple, et les fossés de cette retraite se voient encore. Ils établissent des fonderies pour le minerai de fer, qu'ils recueillent sur les lieux mêmes et près de leur maison forte. Des scories en quantité considérable jonchent le sol près de l'emplacement de cette maison, et la forme des sillons est encore empreinte sur le sol, quoiqu'il soit couvert aujourd'hui par des chênes plusieurs fois séculaires.

Les défrichements opérés par les Templiers, dans la forêt du Der, datent du XIIIᵉ siècle, et leurs fermes prirent généralement le nom de *Loges*, telles que la Loge-aux-Chèvres (2), la Loge-Bazin, la Loge-Madame, la Loge-Lionne, etc.

Mais le mouvement d'amélioration matérielle qui s'opérait aux XIᵉ et XIIᵉ siècles ne s'accomplissait pas sans profit pour l'affranchissement des populations. Les liens de la servitude s'étendaient et se relâchaient chaque jour. Il arriva un moment où des contrats furent nécessaires pour fixer les droits des sei-

---

(1) **Bernard de Montcuc était maire de Troyes en 1258.**

(2) **Aujourd'hui commune.**

gneurs et les devoirs de ceux qui étaient sous le joug de la servitude. Ce pas fut énorme pour l'avenir des populations. A cette époque, le seigneur fait des *concessions*. Un siècle ne se sera pas écoulé qu'il fera des *transactions*. L'analyse de deux chartes du xiiie siècle commencera le chapitre suivant. La première confirme, en 1255, la fondation d'une Villeneuve, dite la Villeneuve-au-Chêne, plus tard la Villeneuve-Mesgrigny. La seconde est celle par laquelle sont affranchis les habitants de Vendeuvre. Cette dernière paraît ne comprendre que les habitants de Vendeuvre, mais il y a lieu de croire qu'il s'agit ici de tous les habitants relevant de la seigneurie de Vendeuvre, c'est-à-dire des habitants du plus grand nombre des villages voisins.

Avant d'aller plus loin, il faut rappeler ici une convention dont Pithou nous a gardé le souvenir. Cette convention est passée entre Boson, abbé de Montiéramey (de 987 à 995), et Hugues, dit Legros, seigneur de Vendeuvre. Il est dit dans cet acte que, si un homme de Saint-Pierre (l'abbaye de Montiéramey était sous le patronage de cet apôtre) prend une femme dépendant du château de Vendeuvre, les enfants appartiendront à Saint-Pierre; et si un homme de Saint-Pierre épouse une femme de la dépendance du seigneur de Vendeuvre, les enfants appartiendront audit seigneur. Cette convention est relevée, par Pithou, du Cartulaire de Montiéramey.

Enfin, il est une remarque que nous ne devons point passer sous silence. Nous avons dit que le xiie siècle devait être considéré, pour la contrée, comme une époque de grande prospérité relative. Les fondations de couvents, d'abbayes, où le temps se partageait entre la prière et le travail des champs, les établissements hospitaliers en seraient déjà une preuve si les édifices publics consacrés au culte, les églises paroissiales, n'établissaient ce fait intéressant d'une manière péremptoire. La généralité des églises dans les villages voisins de Vendeuvre sont du xiie siècle, ou conservent des parties plus ou moins importantes de cette époque ou des premières années du siècle suivant. Nous citerons notamment celles d'Amance, de la Ville-au-Bois, d'Argançon, de Bossancourt, de Beurey, de Dolancourt, de Fravaux ; cette église est encore ornée de peintures murales datant de cette époque, et publiées dans le *Portefeuille archéologique* de M. Gaussen ; de Jessaint, de Juvanzé, du Magny-Fouchard, de Meurville, de Spoix, de Thieffrain et de Trannes.

CHAPITRE II.

—

De l'an 1255 à 1350.

Fondation de la Villeneuve-au-Chêne. — Charte de Jehan de Durnay confirmant cette fondation. — Charte d'affranchissement des habitants de Vendeuvre. — États généraux de 1308. — Députés de la seigneurie de Vendeuvre à cette assemblée. — Mairies du Magny-Fouchard et de Jessaint au XIIIe siècle. — Rôle d'impôts. — Vente d'hommes et de femmes main-mortables. — Transaction de 1341 entre Miles V, de Noyers, et les habitants de Vendeuvre. — Fondations hospitalières et de bienfaisance, Maladrerie, Maison-Dieu, etc. — Traité entre Miles V, de Noyers, et le commandeur d'Orient. — Ordonnance du roi Jean concernant les salaires des classes agricoles.

La charte de confirmation de la fondation de la Villeneuve-au-Chêne est datée du mois d'avril 1255. Elle fut donnée par Jehan, seigneur de Durnay, fils de Gérard, fondateur. Cette charte est un code d'administration civile, de dispositions pénales appliquées à ce que nous appelons des délits de règles de procédure et de mesures relatives à la police rurale. Un grand intérêt s'attache à ce document historique. Nous nous bornerons à en citer les dispositions principales.

Jehan de Durnay concède aux *bourgeois* de La Villeneuve des droits de pâturage sur ses biens ; ceux de pêche dans les eaux où ses autres hommes ont droit de pêcher, et le libre usage de ses bois, comme en jouissent les religieux voisins (ceux de Montiéramey) et les laïcs.

Les bourgeois de La Villeneuve ne peuvent exercer le métier de marchand sans payer un droit au seigneur.

Il y a, à La Villeneuve, sept échevins et dix jurés, choisis parmi la plus saine partie des habitants. Le seigneur se réserve le choix du maire, qui lui jure fidélité et qui est responsable de la recette des droits seigneuriaux. Les échevins, les jurés et le maire ne sont en exercice que pendant un an.

Tout individu venant habiter La Villeneuve payait un denier au maire, et un autre aux échevins. Alors il pouvait recevoir du maire une maison et une partie de terre.

Le seigneur percevait, sur chaque fauchée de pré (31 ares 65 centiares), quatre deniers à la Saint-Remi ; pour les terres essartées et qui étaient dans La Villeneuve, deux gerbes sur douze, l'une pour la dîme, et l'autre pour le droit de terrage; et dans les terres essartées et situées hors de La Villeneuve, le seigneur recevait deux gerbes sur quatorze.

Les fours étaient banaux et appartenaient au seigneur. Si un bourgeois cuisait dans un autre four, il payait deux sous d'amende, en outre du droit. Dans le cas où le seigneur construirait des moulins, ces moulins devaient être banaux, et aucun ne pouvait faire moudre son blé ailleurs sans amende, à moins que le blé, qu'il avait conduit au moulin, ne soit pas moulu dans les vingt-quatre heures.

Les bourgeois de La Villeneuve pouvaient vendre librement, mais non à un étranger, ce qu'ils possédaient dans ce lieu, en payant toutefois, le vendeur et l'acheteur, chacun un denier, dont l'un était pour le maire et l'autre pour les échevins.

Il n'était pas permis aux bourgeois de La Villeneuve de se présenter devant une autre justice que celle de La Villeneuve, tant que jugement ne leur était pas refusé.

Tout jugement rendu par le maire et les échevins était *ferme et stable,* sauf le droit du seigneur, à moins qu'il ne soit immédiatement contredit à ce jugement. Celui qui avait contredit à ce jugement en prouvait immédiatement la fausseté par témoins. Les échevins, convaincus de faux jugements, payaient soixante sous ; cinquante-cinq aux jurés, et cinq au maire. De plus, ils étaient exclus à perpétuité des offices et conseils de La Villeneuve. Si celui qui contredisait le jugement n'en prouvait pas la fausseté, il payait cent sous, qui étaient distribués dans la proportion ci-dessus indiquée.

Si, sans armes, l'un des plaideurs exerçait des violences contre le maire, les échevins ou les témoins, il payait cent sous : soixante-dix-huit au seigneur, vingt à celui qui avait été l'objet des violences, douze deniers au maire, et douze deniers aux échevins. S'il avait fait des blessures, il était puni selon la volonté du seigneur.

Quiconque avait vendu pour trois sous pouvait, en cas de dénégation, prouver le fait par serment. Si la somme s'élevait à dix sous, il prouvait la vente par deux légitimes témoins, et si le prix des choses vendues excédait dix sous, le vendeur pouvait, par le duel, contredire le marché.

Lorsqu'une femme avait dit des injures à une femme ou à un homme, et que le fait était prouvé par deux témoins, cette femme payait cinq sous au seigneur, quatre sous à l'injurié ou à l'injuriée, six deniers au maire, et six deniers aux échevins. Et si elle ne pouvait payer l'amende, elle portait, étant en chemise, une pierre à la procession du dimanche suivant.

Si un homme injuriait une femme, il payait cinq deniers, partagés entre le maire et les échevins.

Celui qui, en se défendant, versait du sang, pouvait se justifier par le témoignage de deux hommes ; mais si le blessé l'exigeait, il pouvait le provoquer en duel.

Si quelqu'un, en se défendant, cassait un membre ou tuait son adversaire, il se purgeait devant arbitres et selon la justice.

Si quelqu'un envahissait de force une maison, il payait cent sous d'amende : soixante-dix-huit sous au seigneur, vingt à celui qui avait subi la violence, douze deniers au maire, et douze deniers aux échevins.

Si un bourgeois de La Villeneuve injuriait un étranger, il payait quarante sous ; et si un étranger injuriait un bourgeois, il payait la même somme : vingt-huit sous au seigneur, dix sous à l'injurié, douze deniers au maire et autant aux échevins.

Si quelqu'un était accusé d'incendie, de vol, de meurtre, d'homicide ou de rapt, il se justifiait par le duel, ou le seigneur en disposait à sa volonté, tant à l'égard de l'accusé qu'à celui de l'accusateur.

Si un membre de la communauté de La Villeneuve était soupçonné de vol, les échevins pouvaient le bannir de la ville sur la demande des bourgeois.

Si un enfant, âgé de moins de neuf ans, commettait quelque dommage, son père et sa mère étaient tenus de réparer ce dommage, sans amende.

S'il était âgé de dix à quinze ans, il payait douze deniers : dix étaient payés au seigneur, et deux au dénonciateur, suivant la décision des échevins.

(Suivent ensuite des articles relatifs à la répression de délits ruraux.)

Si un condamné ne voulait pas payer le montant des peines pécuniaires par lui encourues, et s'il avait quelques biens et qu'il les détournât, il était chassé de La Villeneuve pendant un an et un jour, et après ce délai, s'il voulait rentrer, il payait une amende fixée par les échevins.

Les bourgeois de La Villeneuve étaient de l'ost (1) et de la chevauchée (2) du seigneur. Ils devaient aller où il allait, et ils restaient avec lui autant qu'il le voulait.

Toutes les fois que les bourgeois de La Villeneuve se rendaient à l'ost et à la chevauchée du seigneur, celui-ci devait les payer raisonnablement.

Tout le temps que le maire, les échevins et les jurés exerçaient leurs fonctions, ils ne payaient rien des droits assis sur leur maison ou sur leur jardin, s'ils en possédaient.

S'il se présentait, à La Villeneuve, certains cas non prévus par la charte de Jehan de Durnay, ils étaient jugés selon celle qui régissait Blancheville (3).

La mesure dont il était fait usage à La Villeneuve était celle dont on se servait à Vendeuvre.

Si quelqu'un était accusé d'un forfait, et s'il n'en était pas convaincu, le dénonciateur subissait la peine qui aurait pu être prononcée contre l'accusé.

Cette charte, document rare et curieux, est datée de l'an du seigneur 1255. Elle fut donnée par la main de maître Guillaume, notaire de Sens, vivant Alexandre (IV), pape de la ville de Rome, Nicolas, évêque de Troyes, régnant Louis (saint Louis), roi de France, et Thibault (V), roi de Navarre et comte de Champagne.

Telle est, en substance, cette charte dont nous avons rapporté les principaux articles. C'est un code fort imparfait, il est vrai, mais suffisant pour régler les rapports du seigneur avec ses sujets, punissant les délits, établissant une municipalité, créant une justice pour l'administration civile et judiciaire de la bourgade, dont Jean de Durnay voulait favoriser le développement. Enfin, cette charte est un des rares documents rappelant pour nos contrées l'établissement d'une Villeneuve (4).

---

(1) Obligation des vassaux de marcher pour attaquer l'ennemi de leur seigneur.

(2) Obligation des mêmes vassaux pour repousser les attaques dirigées contre leur seigneur.

(3) Aujourd'hui commune du département de la Haute-Marne, arrondissement de Chaumont.

(4) Cette charte, dont un vidimus de 1376 existe encore dans les archives de la Villeneuve, a été publiée, dans son texte latin, par M. Vallet de Viriville. *Archives historiques du département de l'Aube,* 1843.

Seize ans ne s'étaient pas écoulés, que deux autres membres de la même famille de Durnay, de Vendeuvre, Guillaumette, ou Guilhelmine de Durnay, et Gérard, son fils, *franchissaient tous leurs hommes et toutes leurs femmes de Vendeuvre de totes et de tailles*, ainsi que tous ceux qui pourraient, à l'avenir, habiter leurs terres de Vendeuvre.

Cette charte se rattache, par sa forme, à celles que l'on rencontre le plus fréquemment dans les communes du centre de la France. Elle se range parmi celles que M. Aug. Thierry place sous le type de la charte d'Arc-en-Barrois (1).

Guilhelmine et Jehan de Durnay, son fils, *franchissent et quittent* à toujours, pour eux et leurs héritiers, *de totes et de tailles, tous leurs hommes et toutes leurs femmes de Vendeuvre,* et tous les hommes et toutes les femmes qui, à l'avenir, viendront habiter Vendeuvre, à la condition, par chacun d'eux, de payer, par an, de chaque bête trayant (2), bœuf, vache ou âne, une émine (3) de blé, moitié froment, moitié avoine, et douze deniers, et, pour chaque cheval, cinq *moittons* (4) de blé, moitié froment et moitié avoine, et deux sous.

Les habitants, qui ne gagnaient pas leur vie avec l'aide d'animaux de trait, payaient un quarteron (sans doute d'émine) de blé, moitié froment et moitié avoine, et, de plus, douze deniers; et, s'ils étaient trop chargés, leur redevance était diminuée d'un *moitton.*

Ce fait de surtaxe était constaté par quatre prud'hommes, qui devaient rejeter cette différence sur ceux qui pouvaient le mieux payer, parmi ceux qui gagnaient leur vie avec l'aide du travail de bêtes de trait. Chaque bête vuisine (5), surannée (6), payait deux deniers par an.

---

(1) Cette charte est contenue dans une histoire manuscrite de Vendeuvre, conservée dans la belle bibliothèque du château. Nous en devons la connaissance à MM. de Vendeuvre, qui ont eu la bienveillance de nous communiquer ce manuscrit, lequel contient d'autres documents fort intéressants.

(2) De chaque bête de trait.

(3) Emine, mine, mesure de grains dont la contenance serait la moitié du setier.

(4) Moitton, autre mesure de grains dont la contenance n'est plus connue.

(5) Bête vuisine, bête de service, de somme.

(6) Surannée, âgée de plus d'un an.

Ces droits s'acquittaient le lendemain de la Toussaint. En cas de non paiement dans le quatrième jour, il était dû cinq sous d'amende.

Guilhelmine et Jehan de Durnay retiennent, par cette charte, leur justice entre leurs mains.

Il était payé, *pour le coup, sans sang,* cinq sols ; s'il y avait effusion de sang, quinze sous.

Celui qui *clamait* une femme p....., alors qu'elle avait quinze ans, payait cinq sous.

Les hommes et les femmes de Vendeuvre ne pouvaient faire leurs enfants *clercs* sans le consentement du seigneur. Ceux qui les faisaient clercs, contre la volonté dudit seigneur ou de celle de ses héritiers et successeurs, étaient à leur merci.

Les habitants de Vendeuvre *octroyent* auxdits seigneur et dame, que celui qui sera fait clerc, contre la volonté du seigneur, ne prenne rien des biens de son père, ni de ceux de sa mère, et que cette part de biens appartienne au seigneur.

Celui qui *clamait* un homme larron ou meurtrier, lorsqu'il avait passé quinze ans, payait cinq sous.

Celui qui était pris en vigne, de jour, payait cinq sous ; et, s'il était pris pendant la nuit, il en payait vingt.

La pergée (1) des chevaux était de douze deniers, et la pergée des autres bêtes, *comme il était de coutume en la ville de Vendeuvre.*

Celui qui était pris en forêt *à col* payait quatre sous ; et, s'il y était pris à charrette, il payait dix sous.

Lesdits seigneur et dame, pour eux et leurs héritiers, retiennent, dans leur justice, le meurtre, le rapt, le larcin, la fausse-mesure et autres forfaits.

Les hommes de Vendeuvre devaient à leur seigneur son *ost* et sa *chevauchée.*

Ils devaient la corvée pour l'œuvre du château, une fois par semaine, en cas de besoin.

Ils juraient de garder leur dame et leur seigneur, ainsi que leurs héritiers, et leur château, et leur honneur, et de les tenir toujours pour leurs seigneurs.

Dans le cas où *aucun* quitterait la seigneurie, les habitants de

---

(1) Pergée, amende à laquelle étaient condamnés les propriétaires des bestiaux trouvés en délit.

Vendeuvre avaient octroyé à leur seigneur et dame de pouvoir, *sans méffaire,* les poursuivre et les rappeler comme leur homme, taillable de chef et de corps, comme avant le jour où ces lettres furent écrites. Si le fuyard réclamait une autre seigneurie, *ses meubles et non meubles* étaient à la disposition des seigneur et dame de Vendeuvre.

Et si les dame et seigneur de Vendeuvre mariaient quelques-unes de leurs filles, ou s'ils étaient pris en guerre, les habitants de Vendeuvre étaient tenus de les aider, à la volonté desdits seigneur et dame, raisonnablement.

Les habitants de Vendeuvre jurèrent d'exécuter toutes ces choses, de bonne foi, pour eux et leurs héritiers, et, s'ils y avaient manqué, ils *octroyaient, par leur volonté,* que l'évêque de Langres, quel qu'il fût, les excommuniât, eux et leurs héritiers.

Et si aucuns de ceux qui étaient venus demeurer à Vendeuvre, sous Guilhelmine et Jehan de Durnay, voulaient s'en aller, ils le pouvaient, hautement, quand ils le voulaient. En ce cas, un sauf-conduit leur était donné pour huit jours entiers.

Cet acte, qui fut revêtu des sceaux de Guilhelmine et de Jehan de Durnay, porte la date du mois de février 1271.

Cette charte, remarquable, semble, par certaines expressions, être un contrat consenti des deux parties, après un débat dont la nature est demeurée inconnue. Si Guilhelmine et Jehan de Durnay affranchissent *leurs hommes et leurs femmes* de Vendeuvre, ceux-ci leur *octroyent* que *le clerc,* qui sera fait contre la volonté du seigneur, ne prendra rien dans les biens de son père et de sa mère, et cette part appartiendra au seigneur. Ils jurent de garder leur seigneur, son château et son honneur, de bonne foi. Enfin, s'ils manquent aux obligations auxquelles ils se soumettent, *ils octroyent, par leur volonté,* que l'évêque de Langres les excommunient eux et leurs héritiers. Cet acte n'a donc pas seulement le caractère d'une concession, mais celui d'une transaction entre les parties contractantes. Un des articles fait même penser que cet acte précise certains points déjà admis, à Vendeuvre, à l'état de coutume.

Vers la fin du siècle, Guillaume de Clermont, dit de Vendeuvre, donne deux hommes main-mortables de Beurcy, à l'abbé et au couvent de Mores. Thibaut V, roi de Navarre et comte de Champagne, confirme cette donation.

En raison des nombreuses propriétés que les chevaliers du

Temple possédaient à Vendeuvre et dans les environs, le procès si célèbre que Philippe-le-Bel dirigea contre cette milice, dont l'influence portait ombrage à ce roi, qui en même temps ambitionnait leurs trésors, eut du retentissement dans nos contrées. Plusieurs témoins furent choisis parmi les Templiers qui habitaient sur leurs terres de Champagne et des confins de la Bourgogne. Miles V de Noyers, ce champion si dévoué à la politique du fils de saint Louis, devenu, vers le même temps, possesseur de la terre et de la seigneurie de Vendeuvre, ne put qu'influer défavorablement sur les affaires des Templiers. Le seigneur de Vendeuvre ne manqua pas d'envoyer aux états généraux de Tours, les députés que le roi avait convoqués dans les diverses seigneuries de son royaume. Il envoya, à cette mémorable assemblée, Jehan, fils de son prévôt, nommé Andrier, et Jehan, fils de Valanchet. Mais le premier ne put se rendre à Tours. Il tomba malade à Saint-Benoit-lès-Villemaur, de manière que « ses pieds ne pouvaient porter son corps. » Jehan Valanchet se rendit seul aux états généraux, mais sans être porteur de lettres ou de pouvoir : celles-ci avaient été retenues par le prévôt de Troyes (1).

---

(1) Certificat délivré par Jehan de Nanteuil, curé de Saint-Benoit-lès-Villemaur, daté du lundi après la Saint-Marc, évangéliste (1308), archives impériales, F, carton 414, p. 7.

Voici la liste des députés de lieux, dépendant du département de l'Aube, qui figuraient aux États de 1308 :

BAR-SUR-AUBE	1° Garnier, dit Bastenier.
	2° Jacques de Couvoignon, bourgeois de Bar.
BAR-SUR-SEINE	1° Estienne dou Chastel, eschevin.
	2° Maistre Henry, clerc.
BEAUFORT (près Rosnay).	1° Maistre Jehan, tabellion-juré de Beaufort.
	2° Jehan, dit Bygot, de Hampigney.
BRAY-LÈZ-TROYES. (Ce lieu ne peut être que Bray, dépendant aujourd'hui de la commune des Bordes, près Isle-Aumont.)	1° Estienne le Bouchier, maire de Bray.
	2° Jehan Gogué.
CHAOURCE	1° Bertholomin, dit Apert.
	2° Guillaume, dit Richart, prud'hommes de Chaource.
ERVY	1° Jehan Choichon.
	2° Pierre de Courcelles, bourgeois d'Ervy.
YLLES (Isle-Aumont).	1° Bonnain de Verrières.
	2° Jeoffroy Contesse.

Dans quelques documents généraux relatifs au bailliage de Troyes, datant de la fin du XIIIᵉ siècle ou du commencement du XIVᵉ, le nom de Vendeuvre ne figure point parmi les châtellenies ou les prévôtés de ce bailliage. Comme il s'agit ou d'impôts ou de droits levés par le souverain, on doit croire que, dans cette châtellenie, le comte de Champagne ou le roi de France ne percevait aucune redevance.

Mais l'*Extenta terre comitatus Campanie et Brie* (dernier quart du XIIIᵉ siècle), nous apprend que dans l'*Extenta de Barra super Albam*, il y avait, entre autres mairies (1), celle du *Masnil-Fauchart*, qui rapportait au comte de Champagne huit livres, et celle de *Warsaint* (Jessaint), qui lui produisait cinq livres par an.

Dans un autre état, constatant un prêt fait au roi, en 1295, la châtellenie de Vendeuvre ne figure pas, mais on y voit Perrot de « *Vanduevre* » inscrit pour 40 livres, et « *Henris Treces de Vanduevre* » pour 30, Jehan li clerc de la Villenueve-au-Chasne, pour la même somme, ainsi que « Colins, li doyen de Monstierarrame. »

Miles V, de Noyers, succéda, à Vendeuvre, à la famille de Durnay de Valery. Dès l'an 1318, le jeudi après la Chandeleur, il achète, par contrat passé devant Villebon, notaire à Troyes, de Jehan de Montceaux et de Jehanne de Villeméanne (Villemoyenne), sa femme, la personne de Jehannin Broart, de Vaudes, homme taillable, exploitable de haut et de bas, main-mortable et de serve condition, ensemble tout le profit dudit homme et de ses hoirs de son corps nés, et à naître, moyennant sept livres tournois (2).

Miles V de Noyers réunissait enfin, en 1329, entre ses mains, toute la terre et seigneurie de Vendeuvre.

Rumilly-les-Vaudes.	1º Maistre Guillaume, de Waudes, clerc.	
	2º Jehannoz Moranz, de Waudes.	
Soulaines	1º Guillelmin.	
	2º Renaudin, gendre Lambelin.	
Villemort-en-Otte.	1º Pierre de Bordepartie.	
	2º Odinet Soudet.	

(1) Il s'agit ici de mairies royales.

(2) A ce prix, un homme vendu, de nos jours, ne vaudrait que 578 fr. 90 c. (D'après Leber.)

En 1338, il se rend en Picardie *à l'encontre* d'Edouard, roi d'Angleterre, « que l'on disait venir méfaire au royaume de » France. » Parmi la noblesse qu'il commande, on compte Erard de Jaucourt, chevalier, qui a sous ses ordres cinq écuyers : Simon de Ville-sur-Arce, Jehan de Mauvailly, Jehan de Fuligny, Henry d'Aubigny et Henry de Champignolle, partis, avec Erard, du pays de Jaucourt.

En 1341, Roger Miles, sire de Noyers et bouteillier de France, est toujours seigneur de Vendeuvre. En cette même année, au mois de juin, il étendit les liens de la servitude de *ses hommes* et de *ses femmes* de Vendeuvre.

Par l'acte daté de mai 1341, qu'il fît approuver par Philippe de Valois, en son conseil, au mois de juin suivant, il nous rappelle que ses hommes et ses femmes, demeurant en sa ville de Vendeuvre, sont ses hommes et ses femmes de main-morte, de for-mariage, taillables pour le mariage de ses enfants, et certains d'entre eux sont soumis à des corvées, pour cause de leurs personnes. Il dit qu'il faut savoir que « par la ardue amour et espéciale affection » que les habitants de Vendeuvre ont pour lui, parce que cette ville est très-chargée de servitudes, et qu'au temps à venir ces charges pourraient rendre les habitants « im- » potens, » de l'aider, s'il en avait besoin, désirant accroître le bon état de sa ville et des habitants, sur leur requête et supplication « il a traité et accordé avec eux » sur les servitudes dont il s'agit de la manière suivante :

Les hommes et les femmes de la ville de Vendeuvre, leurs héritiers et ayants cause demeurent quittes et délivrés des servitudes qui pesaient sur eux, à la charge de payer au seigneur 34 lt *petita* et cinq muids de blé de rente, par an, c'est-à-dire trois muids de froment et deux muids d'avoine, à la mesure de Vendeuvre, le tout payable au château : le grain à la Toussaint, et l'argent « à la feste de Pasques communiant (1). »

---

(1) La valeur de la livre d'argent est représentée par 82 fr. 70 c. de notre monnaie, au cours de 1840. Le muid de blé contenait douze setiers, le setier seize boisseaux, le boisseau de Vendeuvre dix-huit pintes, un potot et un quart de potot, et la pinte, quatre potots. La redevance annuelle serait donc :

En argent. . . . . de 2,841 fr. 80 c.
En froment . . . . de   184 hect. 09 cent.
En avoine. . . . . de   122 hect. 72 cent.

En outre de cette conversion de la servitude personnelle en redevance pécuniaire, Miles de Noyers et les habitants de Vendeuvre arrêtèrent entre eux les conditions suivantes :

Si aucun des hommes ou des femmes de Vendeuvre mourait, toute la succession viendrait à ses parents les plus proches, demeurant à Vendeuvre, et non à d'autres.

Si le décédé n'avait aucun héritier, de son lignage, demeurant à Vendeuvre, sa succession était recueillie par « le plus pro-» chain de son lignage, quelque part qu'il demeurât, » mais à la charge de payer les redevances seigneuriales, dues pour les biens provenant du décédé, et d'être tenu des dettes de la ville de Vendeuvre, selon les coutumes d'icelle.

Tous ceux et celles qui avaient héritages, en la ville ou finage de Vendeuvre, payaient leurs redevances en blés et en argent, selon ce qui était fixé « par six imposeurs, choisis par le seigneur » ou son bailli, ou le commis par lui élu. »

Pour que « les communians de ladite ville » ne puissent se plaindre de l'imposition de la taille, il y avait six élus « trois du » menu commun et trois des plus suffisans, » lesquels faisaient » serment « sur les sainctes évangiles » de bien asseoir ladite taille.

Ces élus ne pouvaient prendre, comme dépens, sur les bourgeois dudit seigneur, pour l'assiette de l'imposition seigneuriale, que trente sous tournois, par an, au plus.

Par ce traité, toutes les autres « rentes, débitis et droictures quelconques » dues au seigneur étaient exigibles, comme auparavant, sauf les quatre conditions : 1o de main-morte, 2o de formariage, 3o de corvées, 4o de l'aide du mariage des enfants du seigneur.

Les habitants de Vendeuvre n'avaient pas tous appartenu à Roger Miles de Noyers ou à ses auteurs. Certains hommes et femmes avaient été la propriété de Girard de Marcon, chevalier (1), et ne jouissaient pas d'un affranchissement égal à ceux de la seigneurie de Miles de Noyers. Par ce même acte de 1341, Miles de Noyers déclare que les hommes et les femmes, qui ont appartenu à Girard de Marcon, jouiront dorénavant de « telle et » semblable bourgeoisie et franchise » que les autres hommes

---

(1) Nous n'avons trouvé ce nom de l'un des seigneurs de Vendeuvre que dans l'acte de 1341.

et femmes de la ville de Vendeuvre, en payant les mêmes redevances.

Cette charte eut pour résultat d'adoucir les liens de la servitude. Elle fit disparaître la charge qui pesait sur la personne pour la reporter sur la chose, et d'un *droit personnel,* cet acte en faisait un *droit réel,* assis sur l'universalité des biens meubles et immeubles des habitants. L'abolition de la main-morte créait, pour la famille, un droit de succession qui n'avait pas existé jusque-là; et celle de for-mariage rendait la liberté de choisir une femme, sans la permission et hors la terre de son seigneur. Ce nouveau pas, dans la voie de l'affranchissement, était immense.

Dans ces temps reculés, Vendeuvre et ses environs eurent leurs établissements de secours que l'époque comportait. Pendant les croisades, Vendeuvre vit s'élever une maladrerie, puis une borde pour ses lépreux, et des hôpitaux pour les voyageurs dans des contrées éloignées du pays. Vendeuvre avait, comme fondations hospitalières, un hôpital pour les malades, une Maison-Dieu Saint-Antoine, comme nous venons de le dire, une maladrerie, et une borde pour les lépreux. Tous ces établissements étaient de patronnage laïque.

Dans le milieu du xive siècle, la forêt du Temple, aujourd'hui couverte de magnifiques chênes, était peuplée de fermes dépendant de la Commanderie d'Orient, comme la plaine basse de Pincy était, et est encore aujourd'hui, occupée par des fermes, relevant autrefois de la Commanderie de Bonlieu ou de Bonleu.

Après la condamnation des Templiers, leurs biens passèrent aux mains des chevaliers de Saint-Jean de Jérusalem.

En 1346, Miles, sire de Noyers et de Vendeuvre, traite avec frère Pierre Bruyant, commandeur de la maison de l'hôpital de Bonlieu, et frère Guy de Pringey, commandeur d'Orient, pour les droits de justice et de chasse qui lui appartiennent sur le territoire dépendant de la Loge-Bazin, qu'ils limitent par l'acte passé entr'eux. Roger Miles de Noyers se réserve les droits de haute et moyenne justice, ceux de chasse, de mesures à blé et à vin. Les hospitaliers, exempts de la juridiction du prévôt de Vendeuvre, sont soumis à celle du bailli, et les sergents qui ont droit d'exercer sur le territoire de la Loge-Bazin, sont institués par le seigneur de Vendeuvre (1).

---

(1) **Cartulaire du Temple. Arch. dép. de l'Aube.**

Mais avant de poursuivre, nous ne devons pas oublier un document législatif d'un puissant intérêt, et qui, selon le savant et judicieux Henrion de Pansey, mérite d'être médité. Nous nous bornerons ici à ne prendre de cet acte important, émané de la volonté royale, que ce qui peut intéresser nos campagnes, et nous prierons nos lecteurs — si nous en avons — de méditer eux-mêmes ces passages.

A cette époque, 1350, les relations de la population rurale, dans le royaume de France, — et la Champagne faisait alors partie du royaume, — s'étaient profondément modifiées, et la charte de 1344 nous en est déjà une preuve. Il fallait qu'il en fût ainsi, puisque, moyennant salaire, les habitants des campagnes occupaient leurs bras à un travail payé par celui à qui il profitait. Cette ordonnance doit être considérée comme un réglement de même ordre que les statuts des arts et métiers accordés, par le souverain, aux différents corps de métiers établis dans les villes : seulement, celui-ci est appliqué aux habitants de la campagne, aux classes attachées à l'agriculture.

La Champagne, la France, même l'Europe, furent, à cette époque (de 1346 à 1352), frappées de la peste noire. Cette cruelle maladie enleva une quantité innombrable d'habitants, que certains auteurs portent à 25 millions, et que Simon de Corvino estime, en disant que le nombre des morts fut plus grand que celui des survivants. Ce terrible fléau n'épargna pas plus les grands seigneurs que « le populaire. » La nature fit ensuite ses efforts pour réparer ses pertes, et les auteurs contemporains rapportent que les naissances furent très-nombreuses pendant les années qui suivirent cette funeste épidémie. La mortalité fut telle, que les salaires s'élevèrent rapidement et dans une forte proportion. L'ordonnance du roi Jean eut pour but de remédier à cette perturbation occasionnée par un grand désastre public.

La journée d'un batteur en grange est fixée à 18 deniers, par jour, de la fête de la Saint-Remy à Pâques, sans autre dépense, et s'il bat en tâche, il aura 12 sous du muids de blé et 8 du muids d'avoine, et non plus ou le vingtième (1).

La journée d'un charretier, conduisant charrette ou « tomberel » pour mener fumiers et terres, est fixée à 8 sous par jour,

---

(1) Le vingtième fut payé aux batteurs jusqu'à ces derniers temps, et il l'est sans doute encore dans quelques villages.

sans autre dépens. Pour charroi de vins, grains et fruits, 12 sous, aussi sans autre dépens. La journée d'une charrette à trois chevaux est estimée 15 sous, et celle d'une charrette à un cheval, 4 sous, de la Toussaint au premier mars, et du premier mars à la Toussaint, cinq sous. Celui qui pouvait l'obtenir à meilleur marché était autorisé à traiter.

Un vacher, gardant trente vaches au plus, recevait 50 sous par an et non plus.

Les bergers recevaient 70 sous et non plus par an. Et celui qui, pour moins pouvait les avoir les prenait.

Un domestique charretier avait, de la Saint-Martin d'hiver à la Saint-Jean, 60 sous, et de la Saint-Jean à la Saint-Martin, 4 livres et non plus. Les meilleurs « avec leurs dépens de boire » et de manger (1). »

Les journaliers recevaient 6 deniers par jour en hiver, et 8 en été, avec leur nourriture jusqu'à souper.

Les chambrières qui servaient « en houbillant les vaches » gagnaient, de la Saint-Martin à la Saint-Jean, 20 sous, et de la Saint-Jean à la Saint-Martin, 30 sous et non plus.

Les charrons prenaient d'une roue neuve, de bon bois, 16 sous, d'un « aissel » (essieux), 20 deniers, d'une herse, 2 sous, d'un charretin neuf garni, 8 sous, et du meilleur, 10 sous, d'une charrue neuve, 10 sous et non plus.

Les maréchaux ne pouvaient prendre d'un fer neuf, à palefroy (2) ou à roussin (3), de fer d'Espagne, que 10 deniers, et de fer de Bourgogne, que 9 deniers, et pour chevaux de harnais, des plus grands, que 7 deniers, et des autres, 7 deniers et au-dessous et non plus.

Les travaux des bourreliers étaient ainsi payés : une selle de limon, la meilleure, 12 sous ; le collier de limon, garni de « brassures et d'attelets, » 12 sous ; le collier de trait, garni « d'attelets et de billots, » 8 sous, et les autres au-dessous ; une dossière, la meilleure, 8 sous ; des fourreaux de traits, avec dossière et ventrière, les meilleurs, 7 sous ; et pour charrue, 5 sous.

Les maçons et « recouvreurs de maisons » n'avaient droit,

---

(1) Dans quelques parties du département, les gages annuels des domestiques sont encore soumis à ces deux divisions.

(2) Cheval de parade.

(3) Roncin, cheval de service, petit cheval de monture.

de la Saint-Martin à Pâques, qu'à 26 deniers par jour, et leur aide, à 16 deniers ; et de Pâques à la Saint-Martin, qu'à 32 deniers, et l'aide qu'à 20 deniers. Les tailleurs de pierres, charpentiers et leurs aides recevaient, par jour, le même prix. Dans les villages, les prix étaient inférieurs.

Les vignerons et les manouvriers, qui, depuis les vendanges passées (celles de 1349), avaient traité pour vignes en tâche, ne pouvaient prendre qu'un tiers de plus que l'on ne payait avant la mortalité (la peste noire), quelles que fussent les sommes qui leur eussent été promises.

Ils ne pouvaient abandonner la culture des vignes avant que le temps pour lequel ils avaient traité ne fût expiré. Après s'être accordés pour travailler dans les vignes d'autrui, ils ne pouvaient s'occuper des leurs que trois jours par semaine, le lundi, le mardi et le samedi, ou veilles de fêtes, et les trois autres jours ouvrables devaient être occupés dans les vignes pour les façons desquelles ils avaient fait marché. Celui qui donnait ou recevait plus qu'il est ci-dessus fixé commettait une fraude punie d'une amende de soixante sous parisis : l'accusateur ayant droit à la cinquième partie de cette amende. Si les condamnés ne pouvaient payer l'amende, ils étaient mis en prison, au pain et à l'eau, pendant quatre jours ; la seconde fois, ils payaient lesdits soixante sous, s'ils le pouvaient, ou étaient mis au pilori et marqués de la fleur-de-lis, ou frappés de plus grave punition.

Les manouvriers ne possédant point de vignes étaient obligés de se rendre aux *halloirs* ou lieux à ce destinés, pour être loués par ceux qui avaient besoin d'ouvriers. Dans le cas où ils étaient trouvés oiseux, ils pouvaient être pris, puis emprisonnés et punis comme il vient d'être dit. Il en était de même en cas de fraude. Chacun pouvait « être sergent pour les prendre et les bailler à » la justice du lieu. »

Nul ne pouvait retenir d'ouvriers, si ce n'était aux places désignées à cet effet.

Les faucheurs de prés avaient de l'arpent, en tâche et des meilleurs, 4 sous et non plus.

Les faucheurs d'avoine, de chaque arpent, 18 deniers.

Les meilleurs ouvriers scieurs de blés ne pouvaient prendre que 2 sous 6 deniers, et les autres au-dessous : en pays de parisis, parisis ; en pays de tournois, tournois.

CHAPITRE III.

—

De 1350 à 1500.

Entrée des Anglais en Champagne. — Guerre des Anglais. — Confrérie de Saint-Nicolas, fondée en l'église de Vendeuvre. — Propriétés et revenus de cette confrérie, en 1448 et en 1464. — Donation du village de Longpré. — Taxe royale, en 1388, pour la guerre d'Allemagne. — Impôts levés par Henri, roi d'Angleterre, dans le diocèse de Troyes et les châtellenies de Vendeuvre, Chacenay, etc. — Reddition de Troyes à Charles VII. — État des campagnes, en 1430. — Châteaux forts de la contrée. — Siége du château de Bar-sur-Seine. — Pilleries à Vendeuvre et à Chaource. — Siéges des châteaux de Brienne et de Chacenay. — Lettres d'abstinence de guerre. — Nouveau pillage à Vendeuvre. — La Barse rendue navigable. — Lettres-patentes de Charles VII à ce sujet. — État des populations vers le milieu du xve siècle. — Forges de Vendeuvre, en 1461. — On y fabrique des pièces d'artillerie. — Traité entre les habitants d'Amance, les chevaliers de Saint-Jean de Jérusalem et le prieur de Saint-Georges de Vendeuvre. — Taille levée pour la guerre contre le duc de Bourgogne. — Circulation des monnaies. — Guerres de Bourgogne. — Prise du château de Vendeuvre par les troupes de Louis XI. — Lettre d'un capitaine de ce château aux habitants de Troyes. — États généraux de 1484. — Villy-en-Trodes en 1487. — Transaction entre les habitants de ce village et les religieux de Montiéramey — Le Valsuzenay vers 1480. — Nouveau traité entre les habitants d'Amance et leur seigneur. — Mesures prises par le prévôt des marchands et les échevins de Paris, pour améliorer la navigation de la Barse. — Pestes du xve siècle.

A dater de l'invasion de la peste noire, en 1346, la Champagne fut affligée, pendant plusieurs siècles, de nombreux malheurs. La peste, la guerre, et souvent la famine, frappèrent en même temps ou successivement les populations.

Les Anglais entrèrent en Champagne en l'année 1358. Après avoir parcouru cette malheureuse contrée dans tous les sens, y avoir ruiné tous les habitants, les compagnies de ces « brigands » furent battues, près de Nogent-sur-Seine, par Henry de Poitiers, qui, de bailli de Troyes, en était devenu l'évêque. Après cette victoire, la Champagne ne respira pas longtemps. Chaque année voyait se renouveler les actes de violence et de rapine, dont les gens de guerre, de tous les partis, se rendaient toujours coupables.

En cette même année, 1358, les environs de la ville de Troyes furent ravagés par les Anglais, et des abbayes furent brûlées et ruinées. Le 18 décembre, Charles, dauphin de France, plus tard Charles V, octroya, aux habitants de Troyes et des environs,

« licence et congé de s'assembler toutes fois que mestier en se-
» rait, » et d'avoir tant de gens d'armes et de brigands qu'il serait
nécessaire pour se défendre. Leur solde devait être prise sur
les impôts versés entre les mains du receveur des aides.

L'année suivante, les Anglais furent encore battus dans les
environs de Troyes, et les chroniques rappellent les noms de
Bar-sur-Aube, Beaufort, Rosnay, Chacenay, Bar-sur-Seine,
comme lieux témoins de siéges ou de combats. Vendeuvre et ses
environs ne pouvaient demeurer en dehors de ces marches,
surtout quand son seigneur, Miles de Noyers, est compté parmi
les combattants de l'armée royale, et que sa veuve, Marguerite
de Melun, épouse le connétable de France, de Fienne, dit Moreau.

Chaque année est témoin de courses de gens de guerre des
deux partis.

Dans ces temps de désolation, il y avait encore quelques
soulagements dans l'union que formaient entre eux les bourgeois
des villes et les habitants des campagnes, sous le patronage de
quelques saints.

C'est sous l'influence des terribles événements dont la Champagne fut le théâtre que se développa, à Vendeuvre, la confrérie
de Saint-Nicolas. L'ordre civil ne pouvait pas donner encore une
protection efficace contre les brigandages des gens de guerre.
Il fallait avoir recours aux institutions religieuses, aux droits
d'asile, pour se mettre à l'abri des violences du siècle. C'est à ces
causes qu'il faut surtout attribuer la création des confréries ou
associations religieuses du xive siècle.

Eudes de Broyes avait fondé, dans l'église de Vendeuvre,
vers le milieu du xiiie siècle, la chapelle de Saint-Nicolas. C'est
dans le cours du siècle suivant, et pendant que les Anglais parcouraient la Champagne, qu'autour de cette fondation se serait
groupée la confrérie qui prit le nom de ce patron. Eudes de
Broyes avait doté la chapelle. Les confrères en augmentèrent
les revenus, et Roger Miles de Noyers, seigneur de Vendeuvre,
en 1351, affranchit tous les biens de la confrérie des redevances
seigneuriales.

Cette association obtint la confirmation de ses statuts, le
25 août 1377, d'Etienne Jehan, official de l'évêque de Langres.
A partir de ce jour, les deux fondations n'en firent plus qu'une,
connue sous le nom de Confrérie de Saint-Nicolas.

Cette association prit un grand développement. Elle compta des confrères dans les environs de Vendeuvre et jusqu'à Chaumont. Elle reçut des dons nombreux, et créa plusieurs fondations religieuses. Les confrères devaient un droit d'entrée, une rente annuelle de 12 deniers, à la Saint-Nicolas d'été, et un boisseau de froment, à la Saint-Remy. A leur mort « leurs robes » c'est-à-dire leurs vêtements, appartenaient à la confrérie.

En 1415, Charles de Poitiers, évêque de Langres, sur leur requête, accorde aux confrères et aux consœurs de Saint-Nicolas « licence » de faire réciter, huit jours après le décès de chaque confrère et consœur, « quatre psautiers » et de faire célébrer une messe des morts, avec vigiles et recommandation. Il les autorise ensuite à donner un repas le jour et le lendemain de la fête de Saint-Nicolas d'hiver, aux frais de la confrérie.

La confrérie de Saint-Nicolas eut une existence d'au moins trois siècles. En 1448, lorsque Charles VII voulut percevoir des droits sur les nouveaux acquêts, les conservateurs de la confrérie déclarent aux commissaires royaux les immeubles et les rentes qui composent les biens de l'association. En 1464, le seigneur de Vendeuvre, faisant aveu et dénombrement de sa seigneurie, y comprit les biens de la confrérie, et, au XVIe siècle, les confrères donnent une verrière à la chapelle Saint-Nicolas de l'église de Vendeuvre, et élèvent un autel à leur patron. Si les confrères diminuèrent en nombre, le chapelain de Saint-Nicolas, au XVIIIe siècle, n'en touchait pas moins ses revenus (1).

---

(1) **Nous donnons ici un extrait des actes de 1448 et de 1464. Ces deux extraits, en faisant connaître les biens que possédait la confrérie, jettera quelques lueurs sur l'état de la culture, quinze ans et même trente ans après l'évacuation complète de la Champagne par les Anglais.**

« Cest la déclaration des héritaiges donnez à la confrérie de Mr Saint-Nicolas (de Vendeuvre) par aulcuns des confraires dicelle confrairie a leur dernière volente, et pour estre recommandez au temps futur es messes, aumosnes et bienfaiz d'icelle confrairie (1448). »

Premiers :

Une masure ou souloit estre la maison du chapellain qui a este arse (brûlée) par la guerre, ensemble le jardin contenant environ demi journel de terre qui peut valoir par an de revenu environ .... XII den.

Item environ quatre journelz de terre à la haie du Poirier-Martin, qui sont de nulle valeur.

Item dessus la Croix-Genart (sans doute, anjourd'hui, cour Genart), environ douze journels de terre qui sont de present en bois et de nulle valeur.

La confrérie de Saint-Nicolas avait pour armoirie, sur champ de..., une fleur de lys, accostée d'un S. et d'un N.

En 1374, Longpré appartient à Jean de Noyers, sire de Maiscy, et à Marguerite, sa femme. Tous deux font donation à Regnaut

---

Item au Champ-la-Rousse environ six journelz de terre qui peuvent valoir par an et par commune annee,   **xx** den.

Item au Champ-de-Pavillon environ six journelz, qui sont pour le present de nulle valeur.

Item en la Valote-du-Tremblay environ quatre journels, qui peulent valoir par chascun an,   **x** den.

Item Dessus-la-Tieullerie (tuilerie) environ douze journelz, qui sont de present de nulle valeur.

Item sensuivent les preys.

    Premiers :

Le prey du Grangnot contenant ung arpent, qui est de nulle valeur.

Item en Parfont-Ru environ trois faulchées, qui sont de nulle valeur.

Item une faulchée en Leschcere, qui peut valoir par an,   **III s. IIII** den.

Item sept andains de fauls seant a la Saulce-a-la-Vierge, par an,   **x** den.

Demy faulchée de pré, contrée de Saint-Pierre,   **xx** den.

Trois faulchées au prey Lapierre,   **VI s.**

    Vignes :

Six hommes 1/2 de vigne en Désert (l'homme de vigne vaut 5 ares 28 cent.).

(Arch. du château de Vendeuvre.)

Voici l'extrait d'un dénombrement de la seigneurie de Vendeuvre comprenant les héritages de la chapelle Saint-Nicolas et fait en 1464 :

Une maison, jardin et oulche, rue Saint-Pierre.

Une oulche, rue Saint-Pierre, contenant un quartier. (L'expression de *ouche*, pour clos, verger, accin, a complètement disparu du langage à Vendeuvre.)

Une autre oulche, rue Saint-Pierre, à semer un boisseau de chenevière.

L'oulche Manzlot, rue des Perches, de demi journelle.

Une autre oulche, même rue, de trois quartiers de terre.

RENTES ASSIGNÉES SUR DIVERS HÉRITAGES.

Un courtil d'un quartier de terre sur le fossé Tenrot,   2 s. 2 d.

(*Courtil*, jardin, ne se dit plus à Vendeuvre.)

Un po (peu) de place sur les fossés du château.   »

Une maison et une oulche de demy journel au Bourgetet,   4 s.

Une autre maison au Bourgetet,   2 s.

Autres maisons, courtils et oulches de trois quartiers de terre au Bourgetet,   3 s. 4 d.

Une maison avec héritage,   5 s.

La terre de Champtot,   3 s. 4 d.

Une maison,   1 s.

Un courtil d'un quartier de terre, rue Meriel (rue neuve),   5 d.

Somme toute des rentes,   1 l. 1 s. 5 d.

    Et de plus :

18 ouvrées (5ª 28ᶜ) en six pièces.

29 fauchées de prés, 25 cordes et 7 andins de prés en vingt pièces.

79 journelles et demy et un quartier en dix-sept pièces.

Et une roise (routoir), rue des Perches.

(Arch. jud., fond des prisons.)

de Noyers, chevalier, « du four banal qu'ils ont en la ville de
» Lomprey, avec l'usage que ledit four a accoutumé d'avoir,
» plus de cent livres de rente sur la taille de leurs hommes de
» ladite ville de Lomprey (1). »

La première taxe royale sur Vendeuvre, qui nous soit connue,
date de 1388. Cette taxe fut levée pour aller « guerroyer au
» pays d'Alemangne en la duché de Guelles » (Gueldres). Il s'a-
gissait de combattre Willelm de Juliers, attaché aux intérêts des
Anglais. On comprend dans cette taxe, s'élevant à 85 livres
17 sous 6 deniers tournois, les habitants de la prévôté de Troyes,
et, de plus, ceux des « chastelleries » de Vendeuvre, d'Arcis et de
Payens. Le produit était destiné à l'acquisition de trois charriots,
attelés, chacun, de cinq chevaux, à fournir pour l'armée royale.

<pre>
Vendeuvre fut taxé à. x   livres.
Arcis viii   —
Montiéramey, Montreuil et le Mesnillot. . v   —   (2).
</pre>

En 1417, Troyes se trouva placé sous l'autorité du duc de
Bourgogne, et Isabeau de Bavière se rendit, peu après, dans la
capitale de la Champagne, qui devint le centre des opérations
du parti bourguignon, auquel appartenait cette reine de si dé-
plorable mémoire. La ruse fut mise en jeu par le duc de Bourgogne, pour s'introduire dans la ville de Troyes. Lorsqu'il y fut
établi, les Anglais y prirent pied, et, pendant environ douze ans,
le roi d'Angleterre dicta des lois à toute la province. Plusieurs
lettres-patentes de Henri, qualifié de roi d'Angleterre et de
France, servirent à lever des impôts et des taxes dans la contrée
dite d'entre Seine et Yonne, et même en dehors de ces limites,
c'est-à-dire dans toute l'étendue du bailliage de Troyes. Ces
impôts étaient levés pour combattre le faible Charles VI, et ensuite « le dalphin de France » le roi Charles VII.

En 1423, Henry d'Angleterre veut repousser les adversaires
du pays de Champagne. Il adressa des « lettres royaux aux élus
» sur le fait des aides, des ville, cité et diocèse de Troyes. » Il
comprit, en outre, dans cette aide « les chastelleries » de Saint-
Florentin, d'Ervy, de Bar-sur-Seine, de Vendeuvre, de Chacenay,
de Traînel, de Chaource et de Juilly-le-Châtel. Le diocèse de

---

(1) **Arch. de Bourgogne.**

(2) **Arch. mun. de Troyes.**
Deux de ces charriots revinrent à Troyes, où ils furent vendus.

Troyes fut taxé à **3,900** livres, et « les chastelleries » qui n'en faisaient point partie, y compris les gens d'église, à 4,670 livres.

La ville et la châtellerie de Saint-Florentin furent comprises dans cette taxe, pour . . . . 600 livres.

La ville et la châtellerie d'Ervy, pour . . . . 400 —
Celles de Bar-sur-Seine, pour . . . . . . 200 —
Celles de Vendeuvre et de Chacenay, pour . . 160 —
Traînel, pour . . . . 60 —
Chaource et Juilly, pour . . . . 150 —

Ervy et Saint-Florentin ne payèrent rien de cette taxe; les habitants s'en prétendirent exempts, comme appartenant au roi de Navarre.

Ceux de Bar-sur-Seine, parce qu'ils étaient des terres de M. de Bourgogne.

Ceux de Vendeuvre et de Chacenay, parce que les *villes* particulières dépendant de ces « chastelleries » n'avaient point été spécialement imposées; cette résistance eut lieu, malgré la présence des commissaires envoyés par les élus, auxquels ils ne voulurent obéir.

Il en fut de même à Traînel.

Troyes, sous l'influence de Jeanne Darc, se rendit, le 9 juillet 1429, entre les mains de Charles VII. A partir de cette date, la Champagne méridionale eut à lutter contre les partis anglais et bourguignon, et, si les années précédentes avaient été calmes sous l'autorité du roi d'Angleterre, la guerre recommença plus vive, plus ardente que jamais, et la ville de Troyes devint le centre des opérations de guerre au profit de la cause royale, entre la Marne et la Seine, et entre la Seine et l'Yonne.

La contrée était encore peuplée de châteaux forts, et il était peu de bourgades qui n'eussent, pour se réfugier, quelque moutier ou quelque château fort. C'était alors une lutte de chaque jour, et la prise d'un château était une opération qui mettait en campagne tous les habitants des environs. Les gens de guerre parcouraient les champs, détruisaient les récoltes, s'emparaient des laboureurs et de leurs chevaux, et se faisaient ensuite payer de fortes rançons, qu'ils obtenaient le plus souvent au moyen de tortures (1).

---

(1) Un laboureur de Montceaux fut pendu par les doigts, pour obtenir de lui la rançon qu'il refusait.

Alors, Vendeuvre avait un château, l'un des plus considérables de la contrée. Beurey était au nombre des villes closes, et ses habitations étaient défendues par des fossés et par des murailles. Jaucourt avait une forteresse de la plus grande étendue, et ses profonds fossés étaient remplis par les eaux de la rivière d'Aube. Bligny et Spoy avaient aussi leurs châteaux, dont les murailles étaient baignées par les eaux si limpides du Landion. La vallée de l'Arce était dominée par le nid d'aigle de Chacenay, et comptait de nombreux petits fortins sur les bords du ruisseau qui l'arrose. Montiéramey était aussi fortifié. Son abbaye avait son enceinte fermée de hautes et solides murailles.

Bar-sur-Seine fut assiégé par le parti de Bourgogne, en 1430. Tombé au pouvoir du duc, il fut repris, pour le roi, trois mois après ce siége, par Pierre de Bauffremont. Chappes et Juilly passèrent aussi sous le pouvoir royal peu de temps après, sans compter beaucoup d'autres villes de Champagne et de Bourgogne qui subirent le même sort.

Les populations rurales souffrirent pendant plusieurs années, à la suite de la reddition de Troyes à Charles VII. Les gens de guerre tenaient la campagne. Ils volaient et pillaient *le bon homme*, et brulaient les villages. Les habitants de Vendeuvre et de Chaource, dans ces entrefaites, se plaignirent à ceux de Troyes de ce que les gens de guerre, qui se retiraient dans cette ville, avaient mis le feu dans ces deux villes, le lundi 13 février 1429 (1430, nouv. style). Les gens du conseil de la ville de Troyes rejetèrent leurs plaintes en leur écrivant que « le » feu et les pilleries dont ils se plaignent déplaisent à tous les » habitants de la ville, mais qu'ils n'y peuvent rien : les habitants » de Troyes ne se mêlant en rien de ce que font les gens de guerre » qui ne sont pas à leurs gages. »

Vendeuvre et Chaource ne reconnaissaient donc pas encore le pouvoir de Charles VII.

L'année suivante, en 1431, Charles VII fait faire le siége des châteaux de Brienne et de Chacenay. Les Troyens seuls auraient pris ce dernier château.

Dans cette même année 1431, au mois de juin, il fut fait « absti- » nences de guerre » entre le duc de Bourgogne et Charles VII, encore qualifié de dauphin. Ces lettres intéressaient notamment la châtellenie de Bar-sur-Seine et autres places possédées par les adhérents du duc, dans les bailliages de Chaumont et de Vitry, et, en outre, les places de Chappes, de Troyes et de Montiéramey.

Six mois après, de nouvelles lettres d'abstinence de guerre sont signées par le roi de France et le duc de Bourgogne. On y comprend les terres possédées par M. de Nevers, en Champagne, et l'évêché de Langres, dont Vendeuvre et ses environs faisaient partie.

Mais ces trèves ne s'exécutaient pas selon le désir de ceux qui les souscrivaient. Dès le mois de janvier suivant (1431, *v. style*, *1432, nouv. style*), le seigneur de Vendeuvre, Charles de Mello, écrivait aux habitants de Troyes pour se plaindre que les lettres des trèves n'étaient pas exécutées ; que les gens de guerre, qui étaient au château de Juilly (le châtel ou sur Sarce), sous le commandement de M. de Villars, avaient fait des courses sur ses terres et avaient causé des pertes qu'il recouvrera sur les habitants de Troyes, s'ils ne lui font réparation. Le conseil de ville décide qu'il sera écrit à M. de Villars pour faire restituer aux gens de Vendeuvre et à leur seigneur tout ce qui leur a été enlevé, et que cette course déplaît à Messieurs du Conseil. « Sur la menace qu'il adresse à la ville, il est répondu à Charles » de Mello que la ville est au roi, et que l'intention du Conseil » est de lui résister par voie de justice et de fait, si métier est, » de même qu'à tous autres qui, aucune chose, voudraient » prendre. »

Vendeuvre n'avait donc pas alors reconnu le pouvoir royal. Il est à croire que les seigneurs de Vendeuvre, jusqu'après la lutte de Charles-le-Téméraire contre Louis XI, suivirent la foi des ducs de Bourgogne.

Au xv⁰ siècle, après que les Anglais furent chassés de la Champagne, la ville de Troyes reprit une importance commerciale qu'elle avait perdue. La première des villes de France, elle avait, grâce à l'influence, presque mystique, de Jeanne Darc, reconnu le pouvoir de Charles VII. Pendant tout ce siècle, les rois de France se souvinrent de cette soumission « à son naturel et droicturier seigneur. » Cette ville eut, comme Paris, comme Rouen, sa compagnie de navigation, *sa hanse,* chargée de faire concurrence sur la rivière de Seine à la compagnie française et à la compagnie normande. Et pour faciliter les approvisionnements de sa bonne ville de Troyes, Charles VII accorda aux Troyens lettres royales, afin de les autoriser à rendre la Barse navigable.

Dans l'intitulé, qui motive son mandement adressé au bailli de Troyes, le roi expose que « en la ville de *Vendeuve*, qui
» est à six lieues de Troyes, a une fontaine appelée Barce, de
» laquelle fontaine sourt très-grand habondance de eaue et
» chiet le ruissel d'icelle a un quart de lieue ou environ dedans
» la rivière de Seine courant jusques aux murs et parmi nostre
» dicte ville de Troyes, par lequel ruissel se il estoit préparé et
» mis en estat deu on pourroit en toutes saisons menner vivres,
» boys, et plusieurs autres matières et autres choses très-néces-
» saires en nostre dicte ville de Troyes et à la chose publicque,
» et mesmement que dudict lieu de *Vendeuve* jusques en nostre
» dicte ville de Troyes en aucunes saisons on ne puet bonne-
» ment ou au moins sans grant et somptueuse despense men-
» ner par terre lesdiz biens, choses et matières qui sont très-
» nécessaires, comme dit est à charroy, pour ce que le pays est
» bas et effondu en plusieurs lieux. »

Ce mandement, daté du 20 septembre 1432, ne demeura pas lettre morte. Des travaux furent immédiatement entrepris sur le cours de la Barse, depuis Troyes jusqu'à Montiéramey. Ces travaux n'auraient pas alors été poursuivis au-delà de l'abbaye de Montiéramey, dont les moulins et les bâtiments couvraient les deux rives de cette rivière.

Pendant cette même année, la ville de Troyes obtint du bailliage des commissions à l'adresse de certains villages pour les contraindre à curer et à nettoyer la rivière de Barse. Elle fit exécuter divers travaux à Baire et à La Rivour. Lusigny eut son port. La Barse fut ainsi rendue navigable, et partie des approvisionnements de la ville de Troyes arrivèrent par cette rivière (1).

Grâce à l'ardeur et à la persévérance des officiers royaux, grâce aux nombreux secours que la ville de Troyes accorda au roi pour chasser les Anglais de la Champagne ; grâce enfin à la sagesse de Charles VII, à qui ses contemporains accordèrent le titre de Victorieux, la Champagne et la Bourgogne respirèrent à peu près en paix jusqu'au jour où Louis XI, reprenant le pouvoir après la mort de son père, attaqua avec énergie les ducs de Bourgogne, dont il devait recueillir l'héritage, jusqu'au jour

---

(1) Notice sur la navigation de la Seine et de la Barse, publiée par moi. *Mém. de la Soc. Acad. de l'Aube*, t. **XX**, 1856, p. 73-119.

où sa politique inexorable et ses armes jetèrent de nouveau le trouble dans nos contrées, placées sur les limites des deux provinces, et plongèrent de nouveau les populations rurales dans une profonde misère et de nouveaux malheurs.

Pendant cette période de paix, notre contrée put reprendre ses forces et réparer ses pertes au moins en partie, et l'agriculture n'occupa point seulement les bras des habitants. Les forges établies par les chevaliers du Temple, au milieu de la forêt d'Orient, avaient disparu. Mais celles dont la tradition s'est conservée et qui étaient assises sur la Barse, à l'emplacement occupé aujourd'hui à peu près par le haut fourneau, existaient déjà. Nous en puisons la preuve dans les archives municipales de Troyes.

En 1464, la ville de Troyes payait à Jehan Pothier, fondeur, demeurant à Vendeuvre, une somme de 13 liv. 8 s. 9 den., pour un voguelaire de fer fondu garni de trois chambres (1), pesant ensemble 1,075 livres de fer, au prix de 25 sous tournois le cent. Le transport du voguelaire, de Vendeuvre à Troyes, coûta 10 s. 10 deniers. Ce voguelaire fut enchâssé et lié de barres de fer. Il revint à la ville au prix total de 18 liv. 8 s. 4 den. Les forges de Vendeuvre étaient donc les arsenaux où se fabriquait une partie de l'artillerie, servant à défendre la ville de Troyes. On verra plus loin que les mêmes forges lui fournirent aussi des boulets de fonte, lorsque l'usage des boulets de pierre disparut ou tendit à disparaître.

En juin 1466, les habitants d'Amance traitèrent avec les chevaliers de l'ordre de Saint-Jean de Jérusalem, successeurs des Templiers dans la propriété des 2,500 arpents, achetés par ces derniers en 1255. Ils obtinrent la cession de 1,250 arpents moyennant une redevance de 12 deniers par ménage entier, et 6 deniers par demi-ménage, payables, annuellement, le jour de Noël. L'acte fut approuvé par le Chapitre général de l'Ordre, tenu, à Paris, le 18 juin de la même année.

Déjà, en 1407, la seigneurie d'Amance avait été contestée entre le seigneur de Vendeuvre et le prieur de Saint-Georges de Vendeuvre. Un arrêt du Parlement reconnut le droit de ce dernier sur la terre d'Amance, où il avait haute, moyenne et basse

---

(1) Voguelaire, espèce de canon. Doit-on croire que cette pièce d'artillerie, garnie de trois chambres, était un canon à trois coups ?

justice. Amance n'en dépendait pas moins de la prévôté de
Troyes, et le roi, par un maire, y exerçait ses droits sur *ses
bourgeois*.

Pendant la lutte de Louis XI contre le duc de Bourgogne,
certains villages sont imposés pour frais de guerre au profit du
roi. Ceux que nous ne trouvons pas étaient sans doute sous l'autorité du duc.

Ainsi, pour la taille, dite de Pontoise, on trouve :

Unienville, taxé à	30 s.
Trannes et Jessaint	4 liv.
Dolancourt	15 s.
Bossancourt.	7 s. 6 den.
Juvanzé	7 s. 6 den.
Amance	50 s.

En outre de cette taxe, ces paroisses fournirent encore chacune un homme et un cheval, pour conduire l'artillerie du roi
en Hainault.

Au XV⁰ siècle, les monnaies qui circulaient à Vendeuvre et
dans les environs, à Troyes même, étaient celles du duc de
Bourgogne, frappées, soit dans son duché, soit dans ses terres
de Flandres. Ces monnaies dominaient, mais elles n'étaient pas
les seules qui eussent cours. On comptait encore les monnaies
royales, celles de Lorraine et de Savoie qui, au grand regret du
roi de France, étaient préférées aux siennes à cause de l'inférió-
rité du titre (1).

A partir de 1472 et pendant plusieurs années, Vendeuvre et
ses environs subirent de nouveau les misères que la guerre en-
traîne après elle. Ses villages furent pillés, les récoltes enlevées,
et les paysans avaient plus souvent à la main l'arbalète ou l'ar-
quebuse que les manches de la charrue.

Un document contemporain fait connaître cette vie de chaque
jour. C'est une lettre du capitaine du château de Vendeuvre aux
habitants de Troyes, avec lesquels il était en communauté de
parti. En voici le texte. Les commentaires sont inutiles.

---

(1) En 1853 on trouva, dans les démolitions du moulin Cornet, deux
pièces de monnaie du XV⁰ siècle. La première était un Hardi, ou liard de
Guyenne, frappé par Louis XI, en 1476. La deuxième était un Maximilien
frappé, en 1482, pour la province de Flandres. Ces deux pièces ont été re-
cueillies par les soins de M. Gabriel de Vendeuvre.

« Messieurs de leglise, bourgois, manans et habitans de
» Troyes, je me recommande à vous tant comme je puys. Sa-
» medy darrenier les Bourguignons coururent à La Villeneufve-
» au-Chesne, par Vendeuvre, et y estoient en nombre de six à
» sept vingts et prinrent grant quantité de pourceaulx, omailles (1),
» chievres, brebis et chevaulx et trois hommes de La Ville-
» neufve, et incontinent que je le sceu, je fis sortir jusques au
» nombre de XIII compaignons à cheval, et huit ou dix bonnes
» gens de Vendeuvre, lesquieulx recouvrirent toutes les bestes
» et non pas les personnes, quar ils estoient en trop fort pas,
» parquoy nos gens ne pouvoient effondrer sur eux, et croy quilz
» si les eussent trouve au plain quil y eust eu ung bien grant
» debat, nonobstant que les Bourguignons ilz perdirent deulx
» hommes et quatre ou cinq blecies, et ny a eu de tous nous
» blecie que ung, lequel sera tantost prest là mercy Dieu a
» monter a cheval. Messieurs, je vous assure par ma foy que
» je suis mal garni dartillerie, et nay point de traict ne de arba-
» lestres qui vaillient, quar en tout nay que cinq ou six en toute
» la place, dont je vous en envoyt une por faire une noys, et au
» regart du traict les Allemens ont tout destruict et desempenner
» à leur departement, comme Estienne de Loupvemont le scayt
» bien. Au regard des canons, coulevrines et serpentines de
» ceans sont tout desenchassies et me fault jusques a cinq ou six·
» cent livres de fer pour les faire reliez et mectre a poinct ou
» autrement, je ne men scaurais aydier ne faire mal a homme
» qui soit. Au surplus, je nay point de plonc pour faire des plom-
» bees (balles ou espece de massues garnies de plomb), et avec
» cela suis mal garny de blef, de vin, et en tout le ble que jay
» je nen ay pas plus hault dung muy et de vin que de deulx
» queues et demye. Hier et aujourdhuy pour tout vray, j'ay este
» adverty comment les Bourguignons font assemblee vers Chas-
» tillon de grans gens et font cuire grant force pain, et chascun
» presume et est le commung bruict que c'est pour venir devant
» moy, parquoy il me fault renforcer la garnison ; ainsin ma
» despense croistra et mes vivres appetisseront. Si vous prie,
» Messieurs, que tousjours perseveres au bon vouloir quavez
» envers le roy, et vous prie a toute diligence et se plus tost que

---

(1) Vaches ; on disait encore au siècle dernier : *bétes armailles*.

» faire se pourra vous me secouriez des choses dessusdictes, ou
» aultrement, je doubteraye quil en vensint aucun inconvenient.
» De tout cecy, je fais advertir Monsieur le gouverneur, priant
» Dieu, Messieurs, qui vous doint bonnes vies et longues. Escript
» à Vendeuvre, ce vi^e jour de juing.

» Le tout vostre.

» Hugues Regnost. »

Après le dénouement du grand drame joué par Louis XI et
Charles-le-Téméraire, après la mort de ce prince, à qui le duc
René disait, près de son cadavre, « vous nous avez, beau couzin,
» fait moult de maux et de douleurs ; » après la chute de cette
puissante maison de Bourgogne, la France intérieure retrouva
le calme et la paix, et les habitants de la campagne, sous les
règnes de Charles VIII et de Louis XII, atteignirent à un état de
sécurité et de prospérité que plusieurs générations n'avaient pas
connu.

Anne de Beaujeu, régente du jeune Charles VIII, et pressée
par les princes, se décida à convoquer les états généraux. Par un
motif, que les contemporains n'ont point expliqué, et qui ré-
sulterait d'un esprit de justice, dont elle a souvent témoigné
dans son gouvernement, elle prescrivait l'appel des députés des
bailliages et des sénéchaussées, lesquels, jusqu'alors, n'avaient
jamais été représentés à ces assemblées. En effet, la convocation
des députés des bailliages inférieurs et des châtellenies, eut lieu
à Troyes, par mandement du bailli, publié dans chacun des bailliages de l'ancien ressort, dont Vendeuvre faisait partie. Les états
du bailliage élurent trois députés, sans y comprendre celui du
clergé. Le tiers-état eut deux représentants, Jehan Hennequin,
l'aîné, marchand, et Me Guillaume Huyart, licencié ès-lois. La
noblesse donna son mandat à Philippe de Poitiers, chevalier,
seigneur d'Arcis ; le clergé fit son élection en dehors des deux
autres ordres, et nomma Nicole Delaplace, doyen de l'église de
Troyes et abbé de Montier-la-Celle, pour son député.

La ville de Troyes reçut avec honneur les députés au bailliage
envoyés par la noblesse et les gens des châtellenies. Elle leur
offrit, pour vins de ville, deux pièces de vin de Beaune. Les élec-
teurs ne firent pas seulement nomination de leurs représentants,
ils donnèrent encore à ceux-ci des instructions ou procurations
qui tinrent lieu des cahiers dont on se servit plus tard. Leur

existence ne fait pas de doute ; elles ont été délibérées, en la salle royale de Troyes, avant le 15 décembre 1483. A cette date, on ajouta aux premières instructions deux articles, l'un pour demander que l'imposition foraine se levât aux limites du royaume et non d'élection à élection, et le second pour se faire décharger des grandes tailles qui pesaient sur la ville de Troyes et le pays environnant. Les députés furent rétribués, et la réunion eut lieu à Tours, dans les premiers jours de janvier 1484 (nouv. style).

Terminons ce chapitre en invoquant encore quelques témoins de cette douloureuse époque pour arriver, ensuite, à une période pendant laquelle, si la noblesse alla guerroyer dans les contrées lointaines, les habitants de la campagne, bénissant le bon roi Louis XII, vivaient dans la paix et sans la crainte des gens de guerre.

Un acte de 1487 rappelle les conséquences des guerres de Louis XI. A cette date, il y avait déjà dix ans qu'il n'y avait plus de duc de Bourgogne ; par conséquent, le même espace de temps que la lutte armée avait cessé sur les confins de la Bourgogne.

En 1487, le village de Villy-en-Trode est tellement « dépopulé » et les habitants sont encore dans un tel état de misère, qu'ils ne peuvent payer aux abbé, religieux et couvent de Montiéramey, leurs seigneurs depuis l'an 845, une taille abonnée de 73 livres tournois par an. Les trente-six habitants qui avaient survécu à la double cause de ces désastres, à la guerre et à la peste, invoquant la ruine dans laquelle est tombée la communauté, demandent à « commuer » cette taille abonnée, en une redevance annuelle pour ceux qui possèdent héritage, de 8 sous 4 deniers par chaque ménage, et de 4 sous pour les veuves ou demi-ménage.

Devant une pareille misère, les religieux cédèrent. Le 10 novembre 1487, ils acceptèrent la proposition des habitants de Villy-en-Trode, en se réservant, toutefois, de revenir sur ces conventions, si le pays améliorait sa position.

Ce même acte constate qu'à cette époque, dans ce village, les héritiers ne recueillaient la succession de leurs parents qu'autant qu'ils étaient habitants du village. Il n'y avait d'exception à cette règle que dans les cas de guerre ou de peste, et à la condition, par les habitants qui avaient abandonné Villy-en-Trode, d'y revenir habiter lorsque la guerre ou la peste auraient cessé.

Mais, en 1520, les habitants de Villy-en-Trode ont reparu. On y compte, au lieu de trente-six, plus de cent habitants, chefs de famille, qui stipulent avec l'abbaye de Montiéramey. Les conditions, qui n'avaient qu'un caractère de provision, en 1487, devinrent alors définitives.

C'est, sans aucun doute, pendant les guerres désastreuses des xive et xve siècles que le village du Valsuzenay perdit le plus grand nombre de ses habitants. De nos jours, on découvre encore les traces des anciennes habitations qui bordaient le grand chemin de Vendeuvre à Brienne. Aujourd'hui, l'emplacement de ce village est en grande partie recouvert par la forêt. Selon M. Bourguignat, le Valsuzenay avait encore son curé, et portait le titre de paroisse, en 1480. Aujourd'hui, il ne reste plus que l'antique chapelle abritée par de magnifiques chênes, plusieurs fois séculaires.

En 1486, les habitants d'Amance transigent avec le prieur de Vendeuvre. Il est arrêté que les habitants seront, à l'avenir, affranchis de toutes servitudes et de tous droits de main-morte ; qu'ils recueilleront les successions les uns des autres comme font ceux qui demeurent en lieu franc, tel que Troyes ou Bar-sur-Aube, en payant une rente annuelle de cent sous au prieur.

La Barse, rendue navigable en 1432 et 1433, continua à servir de voie de transport pour l'approvisionnement de la ville de Troyes. Mais à la fin du xve siècle, la ville de Paris prend ses mesures pour se mettre en rapport par eau avec Vendeuvre et ses environs. En 1493, l'un des secrétaires et un sergent de l'hôtel-de-ville de Paris se rendent à Troyes, et, de là, à Lusigny, à Montiéramey, à Briel, à la Villeneuve et à Vendeuvre, et font commandement, de par le roi, et au nom du prévôt des marchands et des échevins de Paris, d'avoir à ôter, démolir et arracher tous empêchements et encombrements qui se trouvent sur la rivière de Barse, sous peine d'amende et de dommages-intérêts. Tous les habitants s'exécutèrent. Mais l'abbé et le couvent de la Rivour ne voulurent pas se soumettre. De là, procès qui tourna au profit de la navigation. Une transaction intervint. L'abbé et le couvent de la Rivour cédaient, deux ans après, un terrain pour creuser « une rivière neuve » dans les prés situés entre l'abbaye et Lusigny.

Dans le cours du xve siècle, la peste et la famine sévirent plusieurs fois en Champagne. En 1437, des pluies continuelles avaient perdu les récoltes dans les lieux où la culture n'avait pas été abandonnée : la disette devint une cruelle famine qui, après, entraîna la peste, sa trop fidèle compagne. Les habitants de la campagne bordaient les grands chemins, mourant de faim, en implorant des secours que la misère commune rendait impraticables.

Trente ans après, en 1467, la peste frappa de nouveau en Champagne. En 1477, 1478, 1480, 1481 et 1482, le terrible fléau s'abattit de nouveau sur les populations de la contrée.

CHAPITRE IV.

De 1500 à 1560.

Construction de l'église de Vendeuvre. — Développement de l'agriculture, du commerce et de l'industrie. — Partage des seigneuries de Spoy et de Bligny. — Edits et coutumes favorables aux populations rurales. — Transactions et procès entre le seigneur de Vendeuvre et les habitants. — Défrichement des forêts. — Pestes. — Forges et fonderies de Vendeuvre. — Acquisitions de boulets par la ville de Troyes. — Etudes sur les travaux métallurgiques au XVIᵉ siècle. — Tableau sur les mœurs des ouvriers à cette époque. — Communications entre Vendeuvre, Troyes et Bar-sur-Aube. — Passage de Courteranges. — Route de Picardie à Lyon passant par Spoy. — Péage seigneurial. — Travaux exécutés à Vendeuvre pour se préserver des inondations. — Les habitants de Vendeuvre et des environs contribuent aux réparations des fortifications de Troyes. — Rôle de la taille royale en 1544. — La réforme. — Antoine de Menisson, seigneur des Epoisses. — Il achète de nombreuses seigneuries pour faciliter les prédications de la réforme.

Pendant la guerre des Anglais et la lutte victorieuse de Louis XI contre la maison de Bourgogne, aucun édifice consacré au culte ne s'éleva dans la contrée, pas plus que dans le surplus de la province. Les populations couvrirent leurs pertes, et lorsque l'aisance fut rentrée dans le foyer domestique, on pensa à réparer les édifices d'un intérêt commun, — l'église, — le seul dont la construction et l'entretien nécessitaient une dépense collective de la population.

On a vu plus haut que la généralité des églises des environs de Vendeuvre datent du XIIᵉ siècle, ou ont conservé des souvenirs de cette époque. On traverse les XIIIe, XIVe et XVe, sans trouver de réparations ou d'additions qui portent le cachet de cette période. Il faut arriver aux premières années du XVIe pour trouver des constructions nouvelles, qui viennent remplacer les ruines que les guerres avaient laissées. L'église d'Argançon, dont le chœur s'élève avec de belles et gracieuses proportions, celles d'Amance, de Bossancourt, du Magny-Fouchard, de Vauchonvilliers, de Thieffrain, de Magnant, de Beurey, du Puits, portent les empreintes du style élégant de cette architecture. Enfin, c'est de 1510 que date l'église de Vendeuvre, la seule de la contrée dont le vaisseau entier soit le produit d'un plan unique.

L'ancienne église de Vendeuvre, dédiée à la Sainte-Trinité, était assise presque à l'angle formé aujourd'hui par les routes de Troyes et de Bar-sur-Seine. Détruite pendant les guerres du XVe siècle, celle qui la remplaça fut reconstruite sur un terrain nommé le Pré-des-Bons-Enfants, et donné par Charles II d'Amboise, seigneur de Vendeuvre. M. de Montluçin, curé de Vendeuvre, en donna les dessins. Les travaux commencèrent en 1510. Ils étaient sans doute entièrement achevés lorsque la réforme vint refroidir le zèle religieux et arrêter le cours des aumônes destinées aux édifices du culte catholique; car on ne peut expliquer que par l'apparition de ces nouvelles doctrines l'interruption de tant d'édifices commencés dans la première moitié du XVIe siècle, et dont un si petit nombre a été achevé.

Le vaisseau de l'église est construit dans de belles proportions. Sa longueur, sa largeur et sa hauteur sont bien combinées, et donnent à l'ensemble une harmonie fort rare, même dans des édifices construits d'un seul jet.

Dans cette construction les sculptures sont rares, tant à l'intérieur qu'à l'extérieur. Il n'existe aucun chapiteau aux piliers, et les nervures des voûtes s'amortissent où le pilier commence. Quelques clefs de voûtes portent des armoiries : on y remarque celles de France, celles d'un pape et celle de la famille d'Amboise. On ne remarque, en effet, de sculptures à l'extérieur qu'au portail du nord, et à l'intérieur, qu'au banc d'œuvre.

Le portail est une œuvre remarquable de transition, où l'on trouve les lignes de la Renaissance alliées aux décorations de l'époque antérieure. Ce portail était polychrome, et les traces des peintures et des inscriptions qui le décoraient sont encore visibles. C'est un des rares témoins de ce mode d'ornementa-

PORTAIL DE L'ÉGLISE DE VENDEUVRE.

tion que possède le diocèse de Troyes. Les statues qui ornent ce portail n'occupent sans doute pas la place qui leur était primitivement destinée.

Le banc de l'œuvre est un travail d'une date postérieure à celle du portail, c'est-à-dire que la Renaissance fait seule les frais de sa décoration. Construit en pierres, il est divisé en trois parties. La partie inférieure est occupée par un tableau peint sur bois, représentant l'arrivée à Cologne, et le martyre de sainte Ursule et des onze mille vierges. Ce tableau, autre œuvre du xvie siècle, occupe une place qui lui paraît avoir été originairement destinée, et mérite bien que l'on veille à sa conservation. Au-dessus, on remarque trois niches dans lesquelles sont placées des statuettes polychrômes d'un ciseau contemporain de l'œuvre principale, et ce ciseau n'était pas sans valeur. Au sommet se trouve la mère de Dieu, entourée de saintes femmes. Dans la décoration de ce banc de l'œuvre entrent les armoiries de la famille d'Amboise et celles de La Rochefoucault de Barbezieux. La présence de ces armoiries date cette œuvre de 1528 à 1538, durée du mariage d'Antoinette d'Amboise avec Antoine de La Rochefoucault, son deuxième mari.

Il existe encore quelques lambeaux de verrières du xvie siècle. Une verrière d'une bonne exécution, à peu près complète, existe près de la chapelle de la Vierge. On peut regretter des réparations inintelligentes ; anciennes, il est vrai. Le rétable sculpté de l'autel de la chapelle Saint-Nicolas, daté de 1539, est d'un beau dessin et d'une bonne exécution. Il est surmonté d'une verrière représentant un calvaire. Cette verrière et l'autel ont été donnés à l'église par la confrérie de Saint-Nicolas (1).

On peut regretter que les grandes baies des fenêtres du midi de l'église ne soient point ornées de verrières ; elles tempéreraient l'ardeur de la lumière qui arrive dans le sanctuaire avec trop de vivacité et trop de crudité. Le cimetière qui entourait entièrement l'église était fermé de fortes murailles, avec meurtrières, poternes et demi-lunes (2). Ces travaux de défense ont aujourd'hui complètement disparu. L'isolement de l'église exi-

---

(1) Cet autel vient d'être réparé (1859). On regrette de ne pouvoir donner une entière approbation à cette réparation dans laquelle on trouve des anachronismes, et où le bon goût reçoit aussi quelques atteintes.

(2) Chevalier, *Essai historique* déjà cité. Ms.

geait, en dehors même des besoins de défense des habitants, que des mesures fussent prises pour éviter que l'église ne fût attaquée dans le seul but de la piller.

Avec le règne de Louis XI se terminent les luttes armées du moyen-âge, et les vieux partis qui divisaient la France s'éteignent faute d'aliments. Pendant les dernières années du xve siècle, les idées prennent un autre cours; et la fière et vaillante noblesse de France va glorieusement se faire tuer sous les ordres de Charles VIII, de Louis XII et de François Ier, dans les champs d'Italie, que notre armée vient de parcourir de nouveau, en recueillant tant d'honneurs et de gloire. Tandis que les d'Amboise, les La Rochefoucault, les Luxembourg, les Dinteville et tant d'autres de la contrée mouraient en combattant sur la terre étrangère, les habitants de leurs seigneuries réparaient leurs pertes d'autrefois. Cette période, si elle fut glorieuse par les armes, vit se développer et s'accroître l'industrie, le commerce et l'agriculture, qui prirent un développement qu'ils n'avaient jamais eu. Ce développement du bien-être entraîna avec lui un mouvement dans les idées, mouvement secondé par les classes élevées de la nation. Au moment où la ville de Troyes rachetait avec ardeur et persévérance tous les droits féodaux qui pesaient sur ses habitants, à l'extérieur comme à l'intérieur de ses fortifications, les gens de la campagne attaquaient, avec non moins de vigueur, les droits seigneuriaux qui pesaient sur eux ou sur le territoire qu'ils cultivaient. Aux xiiie et xive siècles, les seigneurs octroyaient des concessions; au xvie siècle, ils consentent à des transactions en faveur des manants et habitants de leurs domaines.

Pendant cet état de prospérité, la population rurale s'augmenta et les besoins se multiplièrent. Des excès, non sur les personnes, mais sur les propriétés, furent souvent exercés dans ce temps où la réforme des relations sociales précéda la réforme religieuse.

Les concessions accordées aux habitants de la contrée étaient loin d'être les mêmes dans les paroisses qui environnent Vendeuvre. Le plus grand nombre des villages voisins étaient encore placés sous la volonté sans contrôle de leurs seigneurs, comme au temps primitif de la féodalité.

Les habitants de la vallée du Landion (Argançon, Spoy, Meurville, Bligny) appartenaient à la famille de Dinteville. Cette sei-

gneurie fut partagée en deux lots en 1504. Dans l'acte de partage il est dit que chacun des héritiers « possédera les hommes
» et les femmes de corps qui demeurent auxdits Bligny, Spoy,
» Meurville et Argançon, et qu'il aura le droit de poursuite
» contre ces hommes et femmes de corps partout où il pourra
» les rencontrer (1). »

Les édits royaux aidaient à ce mouvement. En 1498, Louis XII
condamne l'abus et même l'exercice du droit de corvées au profit
des seigneurs. Une ordonnance de François Ier abolissait la taille
à volonté, en interdisant toute levée de deniers sans l'autorisation du roi. Cet acte de la volonté royale portait une profonde
atteinte aux anciens droits féodaux.

La rédaction des coutumes, provoquée par Charles VII, et qui
ne devait s'accomplir que sous le règne de Louis XII, au moins
pour la plupart, fut un bienfait général. Celle de Troyes en particulier, publiée en 1509, est considérée, à juste titre, comme
l'une des plus libérales de France. Elle posa certains principes
favorables à la bourgeoisie. Elle émancipa les hommes de poursuite, c'est-à-dire qu'elle ne reconnut pas aux seigneurs le droit
de poursuivre leurs hommes de main-morte, ni leurs enfants,
alors qu'ils avaient abandonné leurs terres.

Les concessions de 1341 avaient été maintenues en faveur
des habitants de Vendeuvre, qui, en outre des concessions contenues aux contrats, jouissaient de droits de pâturage dans les bois
et usages de la seigneurie, de ceux d'abreuvage dans les étangs, et
de chauffage et de maisonnage dans les forêts. L'exercice de ces
droits primordiaux, et remontant aux premiers âges de la servitude, fut considéré comme abusif. Il est certain qu'il y eut excès
dans l'exercice de ces droits. Certaines contrées furent essartées par suite de la ruine des grands bois : les habitants n'y auraient laissé que « l'aire et la place nues. » Cette destruction des
forêts entraîna celle des forges et fonderies établies sur la
Barse. Cet état de choses aurait décidé la mise en culture d'environ 14,000 arpents de bois ruinés sur la seigneurie de Vendeuvre. Sur ces vastes terrains s'élevèrent de nombreuses fermes,

---

(1) Dans ce partage on cite : *la Fontaine de la Verrerie, la Combe de la
Verrerie,* situées dans les dépendances de la forêt de Bossicant. Ce nom
ferait croire à l'existence d'une fabrique de verres dans cette contrée
avant le XVIe siècle.

qui furent frappées d'un droit nouveau établi sur un fait nouveau : celui de *terrage* (1), qui ne fut assis que sur cette étendue de terrain et que par suite des défrichements opérés dans la première moitié du xvie siècle.

Les rapports des seigneur et dame de Vendeuvre, Antoine de La Rochefoucault et Antoinette d'Amboise, avec les habitants de Vendeuvre, furent arrêtés le 25 juin 1534. Ces derniers furent autorisés à essarter la forêt du Der et celle de la Bécassière, en payant au seigneur, par an et par arpent, un boisseau de grain, moitié froment, moitié avoine, et en outre un chapon pour ceux qui tiendraient plus de quatre arpents. Il fut encore décidé que ceux qui posséderaient plus de dix arpents en une seule pièce pourraient construire une habitation en payant, pour droit de four, cinq sous par an. C'est sans doute l'exécution de cet acte qui donna naissance aux nombreuses fermes qui peuplaient ces deux contrées il n'y a pas plus de soixante ans : ces fermes sont aujourd'hui détruites, et les terres sont de nouveau, en grande partie, recouvertes par les forêts.

Antoine de La Rochefoucault et Antoinette d'Amboise se réservèrent 500 arpents de bois situés en Profonde-Fosse, ainsi que la lisière du Temple et la prairie qui divisait les deux contrées du Der et de la Bécassière.

Les habitants cultivèrent ces bois défrichés, et en jouirent en toute propriété moyennant le paiement des droits portés en l'acte.

Mais l'exécution de ce contrat n'eut pas lieu sans de nouveaux et prochains débats. Des arrêts furent pris par le seigneur au Parlement de Paris, le 30 octobre 1535 et le 1er juin 1536, contre les habitants, qui furent condamnés en 10,000 fr. de dommages-intérêts. Quarante d'entr'eux furent décrétés d'ajournement personnel à cause des excès commis. Une nouvelle transaction intervint entre la dame de Vendeuvre, Antoinette d'Amboise (son mari étant mort dans l'intervalle) et les habitants, le dernier février 1540. Cet acte fut homologué au Parlement le 15 mars 1541. Antoinette d'Amboise abandonna le droit de la vingtième gerbe due pour le terrage, déchargea les habitants des 10,000 fr. de dommages-intérêts, et ces derniers ne purent bâtir à l'avenir sans l'autoristion écrite de la dame de Vendeuvre,

---

(1) Ce droit portait, dans la coutume de Troyes, le nom de *Champart*.

ou de ses successeurs, dans les contrées qui faisaient l'objet des contestations. Ils conservèrent le droit de faire abreuver leurs bestiaux dans les étangs, hors le temps du frai, et de les faire paître dans les bois de Profonde-Fosse et du Petit-Temple ou des Lisières, et ils s'obligèrent à faire guet et garde au château, en raison, disait-on, de ce qu'il était limitrophe d'une province étrangère, la Lorraine. Cette garde était due une fois par mois, sinon celui qui y manquait était tenu de payer trois deniers tournois.

De 1514 à 1530, la peste sévit plusieurs fois en Champagne.

L'abandon de la fonderie et de la forge de Vendeuvre doit se placer entre 1534 et 1540, alors que les forêts du Der et de la Bécassière furent mises en culture. Mais, jusqu'aux derniers jours, ces usines servirent à l'approvisionnement de l'arsenal de la ville de Troyes. En 1514, les maire et échevins de cette ville achetaient d'Oger, receveur de la seigneurie de Vendeuvre, 4,000 livres de *boules* de fer au prix de 15 livres en numéraire le millier pesant. Ces 4,000 livres se composaient de 600 grosses boules et de 1270 petites. En 1523 et en 1524, le prévôt de la seigneurie vendait à l'échevinage de Troyes plusieurs milliers de *boulets* de différents calibres pour les arquebuses à croc, les uns au prix de onze livres le millier pesant, les autres à six livres.

A cette époque Vendeuvre avait au moins deux établissements métallurgiques : l'un, comme nous l'avons dit, placé au lieu où une nouvelle usine s'est élevée il y a vingt-quatre ans, par les soins de la famille du Manoir, l'autre à l'endroit où existe le moulin dit des Petites-Forges (1). Autour de ce moulin on rencontre journellement des scories de minerai, et une pièce de pré sise dans le voisinage portait, au xvie siècle, le nom de *Pré-Ferré*.

L'existence de ces usines est encore constatée en 1534. La cause de leur abandon n'est pas expliquée par les documents contemporains, mais, en raison de l'abondance du minerai dans la contrée, cet abandon peut, avec juste raison, être attribué « au mésus » commis par les habitants dans les forêts du voisinage, soit par la coupe des bois, soit par le pâturage des bestiaux. Le défaut de combustible aurait ainsi amené la cessation

---

(1) C'est sans doute cette propriété qui, en 1583, est affermée sous le nom de *Marque-d'en-Haut*.

de l'exploitation de minerais, reprise de nos jours avec tant d'activité.

Le fils de celui qui exploitait à cette époque les forges de Vendeuvre, Nicolas Bourbon, fils de Jean, dans son poème latin *de Ferraria* (la Forge), nous a conservé le souvenir des procédés en usage alors pour cuire le charbon, extraire la mine, la laver et la convertir en fonte, et celle-ci en fer et en acier.

Nous n'étudierons pas le poème, écrit, si l'on en croit le titre, par un enfant de quatorze ans (1); mais nous devons l'examiner pour la partie dans laquelle l'auteur initie les lecteurs dans les travaux métallurgiques.

Le poète, au commencement de son œuvre, feint de voir, pendant une nuit orageuse, Vulcain accompagné de trois cyclopes. Ce dieu lui reproche de ne pas suivre la carrière de son père. A ce reproche Vulcain joint l'ordre de chanter la Forge et l'art de fabriquer le fer. Bourbon déclare se soumettre à ces ordres.

Après une description des lieux, Bourbon explique les procédés employés pour cuire le charbon. Ces procédés sont encore en usage aujourd'hui, et l'on prenait alors pour réussir la cuisson les précautions encore recommandées. Le bon bûcheron, dit-il, laisse de côté le vieux chêne, le mélèze et le buis qui ne donnent qu'un charbon sans valeur. L'auteur se plaît à peindre la simplicité de vie du bûcheron, sa frugalité, qui n'exclut pas la joie dans son intérieur modeste. Quelquefois le charbonnier joue de la cornemuse et chasse la grosse bête.

Après le charbonnier vient le mineur. Celui-ci arrache avec peine le fer des entrailles de la terre, et l'amène au jour à l'aide du treuil et de la corde. Le bon minerai doit être lourd, brillant et d'une couleur tirant sur le rouge. Le minerai pâle et léger est comme le limon dévoré par le feu; il ne laisse au fond du fourneau qu'une crasse noire. Il faut, suivant le vieil usage, dit le

---

(1) Que Bourbon ait travaillé à ce poème à l'âge de quatorze ans, c'est possible ; mais nous aimons à croire qu'il n'y a mis la dernière main qu'à un âge plus avancé, car il condamne certaines mœurs du xvi° siècle dont on ne pardonnerait pas la connaissance à un enfant du xix°, à quelque hauteur de langage qu'il pût s'élever. On admettra plus facilement que ce poème fut terminé après que Bourbon eût fréquenté et connu la cour de France.

poëte, laver tout le minerai, et exposer à l'air et à la pluie celui qui est trop compacte, le griller et le casser en petits morceaux qu'on lave encore dans une eau courante, puis le porter au fourneau, qui doit être construit sur le bord d'une rivière. Ce fourneau est une haute construction en pierres brutes, revêtue à l'intérieur d'un sable très-résistant à l'action du feu. Deux soufflets, placés derrière, et faits de peaux de bœuf, sont mis en mouvement par une roue hydraulique. Ils soufflent tour à tour et en cadence.

Le fondeur veille jour et nuit. Il gouverne le vent, et à l'aide d'une barre de fer il dirige l'intensité du feu. Il fait couler les scories, et sépare le pur de l'impur. Pendant deux mois il ne dort pas, dit-on, une demi-heure de suite. L'intérieur du fourneau ne résiste que pendant cette période à l'action de la chaleur ; alors des soufflets neufs remplacent les anciens, et donnent au feu une nouvelle force. Le fondeur a un compagnon dont la place est au sommet du fourneau, qu'il tient toujours garni de charbon et de minerai.

D'autres ouvriers préparent des moules en terre de différentes formes ; après les avoir façonnés au tour, ils y versent le fer fondu. Ils font plus, ils coulent des bombardes, des canons (1), invention de l'enfer dont Vulcain fit le premier présent à l'Allemagne. Ils fondent aussi des boulets avec lesquels on perce les corps les plus durs, on attaque les murailles, on rase les villes et les forteresses. Ils fabriquent les bombes qui volent comme le feu du ciel et semblent emporter la foudre.

Le premier produit du fourneau ne mérite pas encore le nom de *fer allemand*. Il faut le remettre au feu, l'épurer dans un second fourneau, le réunir en masses rondes pour le convertir ensuite en fer flexible.

D'habiles ouvriers le réduisent et le travaillent à l'aide d'un énorme marteau de fer mis en mouvement par l'eau. Ils remettent la masse au feu, sans perdre de temps, et la retournent dans la fournaise avec de fortes tenailles. Ils plongent ce fer incandescent dans l'eau à l'instar des espagnols de *Bilbilis* qui, en trempant leur fer dans les eaux du fleuve *Chalybs*, le rendent plus ductile et propre à la fabrication des épées.

---

(1) On a vu qu'il ne s'agissait pas ici d'une tournure poétique, mais bien d'un fait réel.

Il sortait donc des usines de Vendeuvre de la fonte, du fer et de l'acier, des canons et des boulets.

Jean Bourbon, dit son fils, pèse toutes les semaines le fer qui a été fabriqué pendant ce temps, et après cette opération arrivent le bûcheron, le charbonnier, le mineur, le fondeur, en un mot, tous les ouvriers pour recevoir leurs salaires. Le maître de forges a un compte ouvert à chaque nom, et chacun de ses ouvriers reçoit exactement le prix de son travail.

Bientôt, dit l'auteur, la bonne chère, le vin et le jeu font oublier les fatigues de la semaine. Les ouvriers se livrent au plaisir avec excès, s'enivrent et dépensent en un jour le salaire de la semaine, et à la suite de ces débauches, le sang est souvent versé. « Qu'y a-t-il d'étonnant, » dit Bourbon, « ils se règlent » sur les grands. C'est ainsi que le troupeau s'égare quand le » berger s'endort. J'ai tort, » dit-il encore, « ils ne s'endorment » pas ces loups dévorants. Personne ne veille mieux à l'aug- » mentation de son revenu, à la défense de ses intérêts. » Ce reproche, adressé aux classes supérieures, n'est pas le seul que contienne le poème de la Forge.

La plupart des tableaux que le poète décrit sont encore vrais à notre époque. La description, qu'il nous a conservée des procédés en usage dans les usines métallurgiques du XVIe siècle, est encore applicable aux mêmes usines du XIXe. Le perfectionnement dans ces arts, qui produisent les matières premières, se traduit lentement, et il a fallu une étude approfondie des sciences pour apporter dans ce genre d'industrie des modifications dignes d'être signalées (1).

____

(1) Les études sur les arts métallurgiques à une époque éloignée sont trop rares pour ne pas profiter de celles qui nous étaient offertes dans la circonstance : 1° par M. Jaquot, membre correspondant de la Société Acad. de l'Aube, auteur d'une *Notice sur Nicolas Bourbon de Vandœuvre,* 1857, Bouquot, à Troyes, 24 pages in-8° ; 2° par M. Tartois, de Sénan (Yonne), qui, à l'occasion de la XXVe session du Congrès scientifique de France, tenue à Auxerre en 1858, a publié, avec notes, le poème de *Ferraria,* de Bourbon, sur l'édition de M.D.XXXIII, donnée à Paris par Michel Vascosan.

M. Jaquot, originaire de Vendeuvre, en publiant cette notice, a voulu donner une preuve de son affection pour le pays, où se succédèrent de nombreuses générations de sa famille, qui remonte au moins à Didier Jaquot, médecin et littérateur du XVIe siècle.

Que M. Tartois, que nous ne connaissons pas, reçoive ici nos félicita-

Vendeuvre, comme aujourd'hui, était, au xvie siècle, sur la
route de Troyes à Chaumont. Dans la direction de cette dernière
ville, la route passait au-dessous et au midi du château, traversait le quartier du Bourgetais, et, en ligne presque droite, se di-
rigeait vers le coude que fait la route actuelle avant d'arriver au
Magny-Fouchard, suivait la voie, nommée aujourd'hui la Vieille-
Route, traversait la vallée du Landion, à l'est de Spoy, et entrait
à Bar-sur-Aube par le pont d'Aube. En se dirigeant sur Troyes
et en quittant Vendeuvre, la route suivait la rive droite de la
Barse, traversait le Champ-au-Roi, le village de La Villeneuve,
près de l'église, et de là gagnait Montiéramey. Sur le territoire
de ce village, il y avait deux ponts à traverser, celui de *Cachebouton* et celui d'Amancières (1), et de là on traversait Lusigny
pour arriver aux bords de la Barse, sur le territoire de Courteranges. Le *passage* de Courteranges était dans ce temps-là non-
seulement difficile, mais périlleux. La ville de Troyes contribuait
à son entretien pour un tiers, et les paroisses comprises dans
le triangle formé par Lusigny, Bar-sur-Aube et Bar-sur-Seine,
étaient chargées du surplus. Beaucoup de ces paroisses luttaient,
afin de ne pas être comprises dans ces taxes. En effet, en 1513,
M. le grand-maître (c'est Charles d'Amboise, grand-maître de
France), en sa qualité de seigneur de Vendeuvre, se défend contre
l'imposition dont on frappe les habitants de sa seigneurie. En
1522, les habitants de Vendeuvre et de Beurey, et l'abbaye de
Montiéramey, ne veulent pas contribuer aux réparations des
passages et des ponts de Cachebouton, d'Amancières et de
Courteranges. En 1546, les habitants de Spoy et de Meurville
font le même refus et s'en excusent en disant : « Que, par leurs
» terroirs, ils ont une rivière nommée Landion, avec plusieurs
» marécages, et ont nombre de ponts à entretenir ; que par ces
» terroirs sont les chemins ordinaires adressans de Troyes, Sens,
» Provins et autres lieux de par de çà pour aller en Lorraine
» et pays d'Allemagne et du pays de Picardie pour aller à Lyon,

---

tions pour avoir publié un poëme de notre compatriote, dans le seul but
de mettre en lumière les procédés employés par l'art métallurgique aux
premières années du xvie siècle.

(1) L'emplacement de ce dernier pont est à peu près celui qu'occupe le
pont du chemin de fer, que l'on traverse avant d'arriver à Montiéramey
en venant de Troyes.

» Beaune et autres lieux, et qu'ils ont fait deux ou trois ponts
» avec des chaussées fort longues et fort coûteuses. »

Dans la session des Grands Jours de Troyes, tenue en 1535,
l'échevinage, voulant se débarrasser des péages perçus par différents seigneurs, fit examiner, entre plusieurs, ceux de la seigneurie de Vendeuvre. Il obtint par ce moyen, en faveur des
habitants de Troyes, une liberté de circulation qui n'existait pas
auparavant. Quelques-uns de ces titres tombèrent, d'autres
furent rachetés.

Une partie de Vendeuvre est construite dans une situation qui
la rend souvent victime d'inondations. Dès le xvie siècle, il a été
établi des barrages en travers de la vallée et le long des ruis-
seaux pour obvier à ces graves inconvénients. L'un de ces barrages ou chaussées occupait l'emplacement du chemin de Beurey, depuis les moulins Cornet jusqu'au pont de pierres, fer-
mait la vallée et retenait les eaux dans un étang qui occupait le
fond de cette vallée. Comme la première, la deuxième servait
à garantir le gros du pays des inondations des rus du Puits,
de Crébenard et de Vauchonvilliers, tandis que la troisième avait
le même but pour la partie la plus inférieure du pays. La première formait barrage, et les deux autres endiguements. Ces
travaux auraient été exécutés, dit-on, par des ingénieurs ita-
liens (1).

Pendant plusieurs siècles, les fortifications de la ville de
Troyes furent entretenues par les habitants de la ville et par ceux
de la banlieue, ayant quatre lieues de rayon ; ceux-ci ayant droit
de se réfugier à l'abri des murailles dont l'entretien était en
partie à leur charge. Mais, vers les premières années du xvi^e
siècle, la charge s'étendit aux habitants de contrées plus éloignées, et, dès 1514, alors que Troyes craint les armées de
Charles-Quint, on voit Vendeuvre et les villages circonvoisins,

---

(1) En 1856 j'ai étudié les causes des inondations de la vallée de la Barse,
et les moyens à apporter pour remédier à ces graves accidents. Je rap-
pellerai de nouveau la perméabilité du sol au-dessus de Vendeuvre, et la
présence de nombreux gouffres, dont la plupart occupent une situation qui
leur permet de recevoir en été la plus grande partie des eaux torrentielles
des contrées qui dominent Vendeuvre. L'absorption des eaux par ces
gouffres serait rapide, et par ce moyen on pourrait obvier aux inondations
d'été, toujours ruineuses, et qui sont les seules contre lesquelles il y a
lieu de se prémunir. (V. journaux de l'*Aube* des 28 juin et 3 juillet 1856.)

avec le surplus du bailliage et même l'élection de Troyes, compris dans des rôles mensuels de corvées.

Voici un extrait de l'un de ces rôles :

Briel fut taxé à	35	hommes.
Lusigny.	40	—
Villy-en-Trodes.	25	—
Fraguignes (Fralignes). . . .	15	—
Thieffrain	20	—
Magnant	40	—
Beurey	30	—
Le Puits	06	—
Vendeuvre.	40	—
La Villeneuve-au-Chêne. . . .	25	—
Montiéramey	40	—
Le Mesnil-Saint-Père	25	—

Il s'était donc opéré un notable changement dans les rapports entre les habitants des villes et ceux des campagnes.

En 1528, les gens de guerre tiennent les champs. L'abbaye de Beaulieu est au pouvoir des ennemis de François Ier, et le gouverneur de Champagne se dispose à aller les en chasser ; mais avant qu'il n'eût quitté la ville de Troyes, d'autres troupes que les siennes étaient parvenues à les faire sortir de cette abbaye.

En 1544, on craint de nouveau les armées impériales. Toutes les forces du bailliage et de l'élection de Troyes se concentrent sur cette ville, qui redoute un siège. Le bailli de Troyes donne mandement aux juges des châtellenies de lever un pionnier par chaque 20 liv. de la taille royale, sinon de payer 3 s. 4 d. t. par chaque jour et pour chaque homme, lequel était tenu à un mois de service.

Dans une réunion générale des habitants de la seigneurie de Vendeuvre, tenue à cette occasion, et où sont présents les habitants de Thieffrain, de Magnant, de Marolles, de Briel, de La Villeneuve-au-Chêne, de Vauchonvilliers, de la Ville-au-Bois et du Valsuzenay, on discute le mandement du bailli de Troyes, et tous les assistants « concordablement et par une voix » firent connaître au commissaire qu'ils avaient été contraints de fournir une grande quantité de grains pour le roi à Saint-Dizier (1) ;

---

(1) Saint-Dizier était alors assiégé par les troupes de Charles-Quint.

que, depuis trois semaines ou un mois, ils avaient fourni chevaux et harnais à leurs dépens, pour mener des vins à Montigny pour le roi, ainsi que des hommes et des harnais pour travailler aux réparations du château de « Monteclerc » ; qu'ils étaient contraints de mener des blés, du vin et de la viande en grande quantité à Bourdrons-lès-Chaumont (1) en Bassigny, pour les lansquenets étant au service du roi ; que d'autres commissions avaient été dépêchées par les élus de Langres, pour envoyer des gastadoux (2), travailler aux réparations de cette ville. Enfin ils disent, en terminant, qu'ils voudraient en toutes choses obéir au roi, mais qu'ils ne peuvent fournir en tant de lieux.

Néanmoins, et malgré les nombreuses charges qu'ils avaient supportées, les gens de la seigneurie de Vendeuvre payèrent pendant plusieurs mois le montant des taxes mises à leur charge. Voici celle du premier mois. Il y en eut au moins trois de la même importance.

	Montant de la taille royale (3).		Montant de la taxe imposée.		Nombre de pionniers.
Vendeuvre.	575ʰ	0ˢ	143ʰ	15ˢ	»
La Ville-au-Bois . . .	»	»	17	10	3 1/2
La Villeneuve. . . .	173	7	43	»	»
Briel	»	»	35	»	7
Magnant	120	»	30	»	»
Marolles	75	»	18	»	»
Thieffrain	140	»	35	»	»
Vauchonvilliers . . .	»	»	40	»	8
Le Puits	120	»	15	»	»
Magny-Fouchard. . .	165	»	24	15	»
Spoy	104	»	26	»	»
Bligny	60	»	9	»	3
Meurville	63	»	15	15	»

Si la ville et le bailliage de Troyes firent des dépenses considé-

---

(1) Bourdons, arrondissement de Chaumont.

(2) Pionniers.

(3) Cette taxe avait été répartie sur les habitants, pour l'année 1544, par Jehan Jaquot, dit Breland, Jehan Voisin..., Clément et Victor Bourgoing, laboureurs, marchands et vignerons, avec Jacques Chevalier, collecteur des tailles.

rables pour résister aux armées de Charles-Quint, ces dépenses, fort heureusement, furent sans utilité. Après le siége de Saint-Dizier, l'empereur descendit la Marne, vers Châlons et Château-Thierry.

Mais la réforme faisait son chemin, et dès 1546 un imprimeur de Troyes était condamné au feu par le Parlement de Paris, pour avoir employé ses presses à propager les idées de Luther et de Calvin.

En 1552, un certain nombre des principaux habitants quittent la ville de Troyes pour aller librement exercer leur culte dans la campagne. Parmi ceux-ci on remarque Antoine Menisson, écuyer, seigneur de Saint-Pouange, écuyer d'écurie du prince de Condé, qui suivait le parti de la réforme. Cet homme, dont la famille occupait des emplois royaux importants, était un des plus dévoués aux idées nouvelles. Pendant les années qui suivirent, il acquit plus de vingt seigneuries ou parties de seigneuries dans la banlieue et dans le bailliage de Troyes, afin de faciliter les prédications des nouvelles doctrines, en se renfermant dans les termes des édits royaux. Parmi ces seigneuries, on compte partie de la châtellenie de Vendeuvre et partie des seigneuries de Lusigny, de Montiéramey, de Montreuil, de Mesnil-Saint-Père, de Villy-en-Trodes, de Thieffrain et de Vauchonvilliers (1).

Le 7 avril 1564, Antoine de Menisson, qui, quoique attaché au service du prince de Condé, était maître des eaux et forêts pour le bailliage de Troyes, faisait signifier au procureur du roi qu'il

---

(1) **La famille de Menisson posséda partie de la seigneurie de Thieffrain pendant une grande partie des XVIe et XVIIe siècles.**

Antoine de Menisson, Christophe et Jacques, ses fils, possédèrent à Vendeuvre : 1° les terre, justice et seigneurie des Forges-d'En-Bas ; 2° le Pré-des-Pâtures, enclos dans le parc du château ; 3 la seigneurie des Epoisses, achetée de Jean Daverloing et d'Edmond Augier. Cette dernière seigneurie était assise au levant de la route de Vendeuvre à Brienne, dans un canton aujourd'hui couvert de bois et nommé la Briquerne. On suit encore aujourd'hui, dans ce lieu, les contours d'une habitation fortifiée. On distinguait alors les Grandes et les Petites-Epoisses.

Le 11 juin 1582, Jacques Menisson, écuyer, contrôleur des guerres, demeurant à Troyes, ratifie un contrat passé à Vendeuvre le 24 mai précédent, par lequel noble homme Claude Jaquot, prévôt de Troyes, sieur de Bréviande et de Regnault, époux de Marie Menisson, sœur de Jacques, vendait

entendait faire exercer dans ses seigneuries la religion réformée « selon et autant qu'il lui était permis par les édits du roi. » — La lutte avec les officiers de justice se continua pendant plusieurs années sur cette signification.

---

au duc de Luxembourg les seigneuries dont il vient d'être parlé, et de plus la huitième partie de la justice et seigneurie de Vauchonvilliers ; et, en 1584, le 21 avril, Jacques de Pleurre, sieur de la Malemaison et de l'Epoisse, conseiller au bailliage et siége présidial de Troyes, affermait à un nommé Paris la maison seigneuriale de l'Epoisse, avec 180 arpents de terres et de prés tenant aux héritiers de feu Christophe Menisson.

Dans le cours du xvie siècle, la famille Le Bé, de Troyes, si connue par la fabrication des papiers qui ont servi aux meilleures éditions de cette époque, posséda la ferme de Denrot, à laquelle elle laissa son nom, qui a fait complètement oublier l'ancien.

CHAPITRE V.

—

De 1560 à 1597.

Etats-généraux de 1560. — Députés des justices seigneuriales à l'assemblée du Bailliage à Troyes. — Remontrances. — Procès entre le commandeur du Temple et les habitants de Vendeuvre. — Etats-généraux de 1576. — Députés à l'Assemblée bailliagère tenue à Troyes. — Analyse des cahiers des justices dépendant de la châtellenie de Vendeuvre, de celles de Bligny, Jaucourt, etc. — Le duc de Luxembourg veut faire comprendre Vendeuvre dans son duché-pairie de Piney. — M. de Barbezieux. — Guerres. — Pestes. — Etats-généraux de 1588. — La ligue à Vendeuvre.—Conspiration à Troyes favorable au parti politique, divulguée par un habitant de Vendeuvre.—Marie de Luxembourg, abbesse de Notre-Dame-aux-Nonnains, prisonnière de la ligue. — Exécution de prisonniers faits à Montiéramey par les ligueurs. — Barricades à Vendeuvre. — Combats dans les environs entre les troupes royales et celles de la ligue. — La ligue perd le château de La Villeneuve. — Exécution à mort des soldats qui l'ont défendu. — Destruction de ce château. — Vendeuvre reconnait le pouvoir de Henri IV. — Législation en faveur des habitants des campagnes.

La royauté, aux mains du jeune et faible François II dirigé par sa mère, Catherine de Médicis, sur laquelle l'histoire n'a sans doute pas encore dit son dernier mot, avait besoin de puiser des forces nouvelles dans une assemblée sortie de la nation. La réunion des Etats-généraux fut décidée ; mais le coup de lance de Montgommery retarda la réunion de l'assemblée, et Charles IX, qui succéda à son père sur le trône de France, convoqua les Etats à Orléans pour le mois de janvier 1560.

Il nous suffit de constater ici que les habitants de la campagne furent représentés aux élections des députés du clergé, de la noblesse et du tiers-état. Pour le bailliage de Troyes, l'élection se fit au Palais-Royal de cette ville, et chacun des envoyés à cette élection vota pour les députés des trois ordres.

Les habitants de la seigneurie de Vendeuvre envoyèrent à Troyes, pour prendre part à ces élections, qui ainsi se faisaient à deux degrés :

La noblesse de la châtellenie de Vendeuvre avait délégué ses pouvoirs à M. Jehan Aubry, procureur fiscal à Vendeuvre, et à Nicolas Borgnat l'aîné, prévôt de la seigneurie, et le tiers-état était représenté par Jehan Gérot, de la Villeneuve-au-Chêne. Le clergé n'avait élu aucun mandataire.

Le bailliage de Jaucourt avait envoyé :

Pour la noblesse, Anthoine de Verloing, demeurant au Magny-Fouchard ;

Pour le clergé, M. Jehan Jorrant, curé de Beurey;

Et pour le tiers-état, M. Pierre Girardin, prévôt, et Etienne Boisard, procureur fiscal de la seigneurie de Jaucourt.

Dans la seigneurie de Magnant, la noblesse avait pour représentant messire Georges de Créquy, seigneur de Ricey et de Magnant.

Le tiers-état avait Jehan Symonnin, et le clergé n'en avait aucun.

Cette représentation de la seigneurie de Magnant eut lieu sous la réserve expresse des droits du seigneur de Vendeuvre, sur la terre de Magnant.

La châtellenie de Bligny n'envoya qu'un député; celui du tiers-état, Robert Caban. Celle de Spoy n'envoya aucun député pour le clergé et pour le tiers-état; Mme de Dinteville de Sainte-Maure se fit représenter par son procureur fiscal, Jehan Andréau, et par Nicolas Laurent.

Ces envoyés du premier degré élurent les députés aux Etats-généraux. Ils ne paraissent pas avoir apporté, à l'assemblée du bailliage, de cahiers de remontrances dressés dans le ressort de leur justice ou seigneurie, mais ils prirent part à la rédaction de celui qui était destiné au Roi.

Ce serait sortir du cadre que nous nous sommes tracé, si nous nous occupions de l'examen de ces mémorables cahiers; nous nous bornerons à dire que les députés demandent des réformes dans le clergé catholique, dans l'administration civile et judiciaire, chez les gens de guerre, dans les impôts, dans l'administration des finances. La rédaction de ces remontrances a un caractère d'humilité qui disparaîtra complètement dans celle des cahiers des Etats-généraux de 1576.

On sait que cette assemblée des Trois-Etats fut suivie de la publication de l'ordonnance dite d'Orléans, dont l'application apporta des modifications importantes dans les différentes branches de l'administration publique.

C'est en exécution de l'un des articles de cette ordonnance que Louis de Luxembourg dut opter entre ses deux officiers de justice, son bailli et son prévôt. Suivant la déclaration reçue au bailliage de Troyes en 1563, il conserva son bailli. Mais la prévôté de Vendeuvre fut rétablie vers la fin du XVIe siècle.

Les « mésus » dans les forêts voisines de Vendeuvre continuaient toujours. Les habitants prétendaient à des droits d'usage, de pâturage et de maisonnage, de bois mort et de mort bois dans les forêts du Temple, droits qu'Etienne Lapoule, sieur des Carreaux, bailli de Vendeuvre, soutient formellement dans l'intérêt des habitants de Vendeuvre, en 1564, contre le commandeur du Temple. Si jamais ces droits ont été exercés par les habitants de Vendeuvre, ils disparaissent formellement vers cette époque, et des arrêts rendus en faveur des chevaliers de Saint-Jean de Jérusalem nient l'existence de ces droits.

En raison de ces prétentions contraires et de l'incertitude des droits, un délit considérable fut commis par les habitants de Vendeuvre dans la forêt du Temple. Après des involutions de procédure, qui ne durèrent pas moins de six ans, le grand-prieur de France, commandeur de la commanderie de Troyes, fit condamner, en 1570, les habitants de Vendeuvre en deux mille francs de dommages-intérêts. L'arrêt du parlement ordonne que les *échevins et marguilliers* se mettront en mesure pour obtenir dans les six mois de la chancellerie royale les lettres nécessaires pour asseoir cette somme sur les habitants, sinon en condamne soixante (qui sont nommés dans l'arrêt) à payer cette somme et les dépens.

Les forêts du Temple ne formaient pas alors une forêt continue. Il existait à cette époque plusieurs fermes dans les domaines des chevaliers de Saint-Jean de Jérusalem, et de grandes landes ou friches. Un sieur Du Mouchin, de Paris, louait, en

1565, du commandeur du Temple, cent arpents de terre en friche, pour vingt-neuf ans, moyennant un revenu annuel de cinq sous par arpent.

Aucun souvenir n'est resté dans la tradition que Vendeuvre et ses environs aient eu à subir le contre-coup de la Saint-Barthélemy, bien que ces contrées comptassent un certain nombre d'individus attachés aux nouvelles doctrines; mais les gens de guerre n'en continuaient pas moins leurs courses et leurs pillages. On signale souvent la présence des reîtres et des lansquenets dans la contrée.

En 1576, Henri III convoque à son tour les Etats-généraux qui se réunirent à Blois. Les élections se firent à peu près dans la même forme qu'en 1560. Les corporations des arts et métiers de la ville de Troyes dressèrent leurs cahiers particuliers. Il en fut de même pour les habitants des justices et châtellenies ressortissant au bailliage de cette ville. Ces cahiers servirent à dresser ceux qui sortirent de l'assemblée générale du bailliage, et qui étaient destinés au roi. Nous bornerons notre examen aux faits accomplis dans la seigneurie de Vendeuvre et dans celles qui l'avoisinent.

Les assemblées du bailliage de Vendeuvre commencèrent le 29 septembre 1576. Elles eurent lieu sous la présidence de Nicolas Regnault, lieutenant-général à ce bailliage, et devant lui se présentèrent les envoyés des communautés, d'habitants, porteurs des cahiers que chacune d'elles avait fait dresser.

Les habitants de Vendeuvre avaient confié à Etienne Bonneville et à Nicolas Jaquot, le jeune, le soin de porter à l'assemblée les cahiers dressés par eux.

Thieffrain, à Jacques Barbier et à Nicolas Ménétrier;

La Villeneuve-au-Chêne et la Loge-aux-Chèvres, à Claude-Nicolas Jorrant et à Edmond Baudry;

Briel, à Nicolas de Coucombert et à Jehan Royer;

Vauchonvilliers et le Valsuzenay, à Nicolas Bugnetat, Didier Crossette, Didier Arnoul, Pierre Potin et Jehan Barrat;

La Ville-au-Bois, à Jehan Royer et à Nicolas Maignant;

Le Champ-au-Roi, à Edmond Charigault et à Bastien Constant;

Marolles, à Pierre Guillot et à Mammès Constant.

De tous ces cahiers il en fut formé un pour la châtellenie de

Vendeuvre, destiné à la réunion du bailliage de Troyes. Et cette fois le cahier dressé dans cette assemblée devenait de troisième degré.

Ici les plaintes sont amères.

Les premières qui sont formulées par les habitants de Vendeuvre et des environs s'adressent aux gens de guerre qui ont ruiné la campagne et réduit à la mendicité des gens riches, ou les ont forcés à quitter le pays.

Les habitants se plaignent « de plusieurs volleryes, ranssonne- » mens, forcemens et ravissemens de femmes et filles, meurtres » et bruslemens de maisons. »

Ils souffrent des impôts de toutes sortes qu'ils ne peuvent acquitter.

Ils demandent la réforme des gens d'église, l'obligation imposée aux curés de résider dans leurs paroisses, et qu'il ne soit établi aucun prêche pour les réformés.

Ils requièrent qu'il soit ordonné que les gens de justice punissent les criminels, et que par ce moyen on puisse vivre en sûreté dans sa maison.

Après avoir arrêté les articles de ce cahier, il fut procédé, par l'assemblée, à l'élection de ceux qui devaient les porter à Troyes. Jehan Jolly et Nicolas Jorrant reçurent cette mission.

Bligny, Jaucourt, Montiéramey, chefs-lieux de seigneuries, rédigèrent leurs remonstrances et doléances. La rédaction du cahier de Bligny a frappé l'attention de l'illustre historien M. Augustin Thierry, et il ne le crut pas indigne de figurer dans l'appendice de son *Essai sur l'histoire du Tiers-Etat* (1).

La rédaction du cahier de Jaucourt appartient à la même inspiration, et tous deux sont d'un homme qui comprenait la mission que ses compatriotes lui avaient confiée.

Ce cahier commence par cette réflexion :

« A la convoquation des Estats sont receues toutes plaintes

------

(1) M. Aug. Thierry attribue ce cahier, mais en doutant toutefois, à Bleigny-le-Carreau (Yonne). Nous avons comparé l'original conservé aux archives municipales de Troyes avec le texte publié ; le doute n'est plus permis après la comparaison. Le cahier publié par M. Thierry est bien celui de Bligny, compris dans le canton de Vendeuvre.

» privées et publicques, affin que chascun ayant proposé ce
» qui tend à diffirmation et consulte les remèdes qui sont pro-
» pres. Le Roy, par son infinie bonté et amour naturelle qu'il
» porte à ses subjectz, ordonne ce que justement est requis à
» l'honneur de Dieu et à la satisfaction d'ung chascun, car il n'y
» a riens plus convenable a ung roy que de regner avec bene-
» volence et contentement de son peuple.

» Doncques il est très-necessaire maintenir son peuple en la
» craincte de Dieu, et pour reconcilier le cueur de ses subjetz
» les ungs avec les autres establir un concile général pour vivre
» en union de religion. »

L'examen de ces intéressants documents d'une autre époque
nous conduirait au-delà de notre but. Nous sommes contraint
de nous arrêter (1).

Les Etats-généraux de 1576 furent, trois ans après, suivis de
l'ordonnance dite de Blois, qui devint l'un de nos codes les plus
complets sur les différentes branches administratives de la monarchie française. Ce code fut exécuté dans ses principales dispositions jusqu'aux grandes ordonnances de Louis XIV, dans
lesquelles furent introduites plusieurs parties de cette célèbre
ordonnance. Certaines de ses dispositions survécurent même au
règne du grand Roi.

Malgré les efforts des Etats-généraux, le calme ne devait revenir, dans l'ordre moral comme dans l'ordre physique, que
longtemps après, et à la suite de longues et terribles souffrances.
Car, dans cette période de douleur publique, la peste se joignit
à la guerre, et la misère fut horrible.

Vendeuvre, vers cette époque, fut un instant à la veille de se
voir déposséder de sa châtellenie pour passer dans le ressort de
la justice du Duché-Pairie de Piney, nouvellement érigé en faveur
de François de Luxembourg, seigneur et baron de Vendeuvre.
Mais le duc de Piney trouva parmi les habitants de Vendeuvre,

---

(1) Depuis bientôt trois siècles ces documents étaient enfouis dans les
archives de l'hôtel-de-ville de Troyes. Nous avons secoué la poussière qui
les ensevelissait, et nous avons trouvé, sous ce triste manteau, des témoignages irrécusables des événements qui agitèrent non seulement Vendeuvre et ses environs, mais encore tout le bailliage de Troyes à cette
époque si tourmentée de l'histoire de France.

et dans les membres du bailliage et ceux de l'échevinage de Troyes, une opposition qui demeura victorieuse près du Roi. La châtellenie de Vendeuvre continua à relever du bailliage et siège présidial de Troyes.

Malgré la misère générale qui régnait dans tout le bailliage de Troyes, Vendeuvre était encore dans une situation plus favorable que beaucoup d'autres lieux de même importance. Les fréquents séjours que faisait M. de Barbezieux, lieutenant-général au gouvernement de Champagne, au château de Vendeuvre, et par son caractère conciliant et pacifique, adoucissait pour les habitants de sa seigneurie la rigueur des temps. Souvent même son influence alla jusqu'à les favoriser dans la répartition de taxes souvent énormes qui frappaient les habitants des campagnes. On peut attribuer à cette faveur de ne pas voir Vendeuvre compris dans les taxes dont les villes closes et gros bourgs sont frappés pendant les dernières années de l'existence de M. de Barbezieux.

Les reitres, dans l'automne de 1575, campèrent aux environs de Montiéramcy, et les populations voisines contribuèrent à leur entretien. La ville de Troyes leur fournit 24 bœufs, 24 pièces de vin, 24 moutons et 4,000 pains. En 1578, tous les environs de Troyes, depuis les portes de la ville jusqu'au-delà de Montiéramey, sont remplis de troupes placées sous le commandement de M. de Montfort. Des présents sont offerts au commandant pour le décider à quitter la contrée « parce que ses troupes » vivent sur le bonhomme. »

Les années suivantes furent non moins calamiteuses, et la peste et la famine augmentèrent encore la misère dans les campagnes.

Dans le cours du XVIᵉ siècle, cette cruelle maladie sévit pendant un grand nombre d'années à Troyes et dans les environs. Vendeuvre, qui de nos jours fut si cruellement frappé par le typhus et le choléra, ne dut pas être plus épargné à cette époque que de nos jours.

De 1576 jusqu'à la fin du siècle, la Champagne fut presque chaque année frappée de la peste. En 1581, le bailliage de Troyes publia un règlement enjoignant aux seigneurs temporels d'employer les moyens propres à prévenir les dangers de la peste en se pourvoyant de médecins, de chirurgiens, et de gens destinés à soigner les malades et à les ensevelir. Dans chaque village il devait y avoir un homme chargé de porter des vivres près de la maison du malade. Ces vivres étaient enlevés par les habitants de la maison ou par le malade lui-même, si personne ne l'assistait. Celui qui portait ces vivres avait soin de crier à son approche pour faire retirer chacun chez soi. Ceux qui avaient communiqué avec les malades devaient rentrer dans leur maison et ne plus sortir, « à moins qu'ils ne se retirassent aux champs, » en logettes, » pour y rester quarante jours, pendant lesquels on leur faisait tenir des vivres à l'aide des moyens employés pour les malades. Les seigneurs étaient obligés de subvenir, à leurs frais, aux besoins des pauvres malades. Ils veillaient à l'administration des sacrements. Les malades guéris portaient pendant quarante jours une verge ou baguette blanche, et ne conversaient avec les personnes en santé qu'en se plaçant à distance et sous le vent.

Pour assurer l'exécution des mesures dictées par leur vigilance, le maire et les échevins de Troyes convoquent, par députés, les villages envahis par la peste. Ces députés se réunissent au corps de ville, et délibèrent en commun sur le triste sujet de leur mandat. Les uns acceptent l'application du règlement proposé; les autres disent qu'ils n'ont plus de pestiférés; quelques-uns déclarent que les meuniers ne veulent pas recevoir leur blé pour le moudre. Enfin, sur la demande de plusieurs d'entre eux, les habitants des villages sont autorisés à tuer ou faire tuer les chiens, les chats et les volailles appartenant aux maisons où il y a eu des personnes frappées de la peste.

De nouveaux Etats-généraux se réunirent à Blois en 1588. Le faible Henri III, étant aux abois, cède au parti ligueur, convoque une assemblée sous prétexte de l'éclairer dans les graves conjonctures où il se trouve. Tous les bailliages et sénéchaussées de France sont convoqués au chef-lieu de leur gouvernement. Un unique cahier fut dressé pour le gouvernement de Champagne, par les députés des grands bailliages royaux de cette province, à savoir : ceux de Troyes, de Meaux, de Vitry-le-Français, de Chaumont, de Sézanne, de Provins et de Château-Thierry. Les petits bailliages ou châtellenies n'auraient pas été consultés, et ce ne serait qu'à Blois même que ce cahier aurait été rédigé pour le gouvernement de Champagne comme pour les autres provinces. Sa rédaction, qui appartient au parti ligueur, dépasse en violence tout ce que l'on avait vu jusque-là, et nos assemblées législatives de la fin du siècle dernier n'atteignent pas, en passion haineuse, cette assemblée qui fut accompagnée et suivie de deux assassinats : celui du duc de Guise et celui de Henri III.

Vendeuvre, peu après la mort de M. de Barbezieux, se trouva sous l'influence du duc de Piney, François de Luxembourg, possesseur des châteaux de Vendeuvre, de Piney, de Pougy, de Plancy et autres. Comme M. de Barbezieux, il appartenait au parti politique, et était lieutenant-général pour le Roi au gouvernement de Champagne.

La Ligue ne réussit à dominer à Vendeuvre que dans les derniers temps de la lutte, c'est-à-dire, vers 1589 ou 1590. M. de Luxembourg, pour le parti du Roi de Navarre, entretint une garnison dans le bourg et au château de Vendeuvre, afin de contenir les habitants. Mais ceux-ci souffraient dans leurs intérêts. Tout commerce avait cessé entre Vendeuvre et Troyes, et le passage de Vendeuvre (route de Lorraine et d'Allemagne), n'était pas libre pour les ligueurs. Les habitants de Vendeuvre, ou au moins certains d'entr'eux, offrirent, en octobre 1589, à ceux de Troyes, de chasser la garnison qui occupait le pays, si on voulait traiter avec eux et les considérer comme amis. La proposition fut d'abord ajournée, le pouvoir de ceux qui offraient de reconnaître la Ligue étant jugés insuffisants. Pour traiter, les habitants de Troyes demandèrent l'agrément de M. de Luxembourg et celui de tous les habitants de Vendeuvre. Ceux-ci, suivant le parti politique, étaient isolés dans la contrée. Le château de Spoy, appartenant à M. de Dinteville, était aux mains des ligueurs qui percevaient les revenus de la seigneurie *au profit de la cause*. Il en était de même de celui de La Villeneuve, dont M. de Mesgrigny était seigneur. MM. de Luxembourg, de Dinteville et de Mesgrigny, suivant le parti politique. Enfin, les habitants de Troyes et ceux de Vendeuvre finirent par s'entendre et entrèrent en rapport les uns avec les autres.

Vendeuvre compta bientôt des partisans de la Ligue. Un de ses habitants, dont le nom n'a pas été conservé, fit savoir dans une réunion du conseil de la Ligue, siégeant à Troyes, et où se trouvait le duc de Chevreuse et toute sa suite, qu'une conspiration avait été formée pour s'emparer de la ville de Troyes, dans la nuit du vendredi au samedi 24 novembre 1590, avec l'aide du capitaine qui était de garde sur la muraille près de la porte de la Madeleine. Cette porte, dans ce cas et pour arriver au but, devait être démurée.

Cet individu ajouta qu'il était nécessaire que *le maire se donna garde d'une maison la plus voisine de la sienne;* qu'il courait bruit que le sieur de Vermoise était l'un des auteurs et chefs de la conspiration, que le capitaine de garde devait tuer *la ronde* qui se devait faire à deux heures, et la jeter dans les fossés. Cet homme annonçait en outre que M. de Dinteville s'était retiré à Montiéramey, et qu'il avait entrepris d'entrer en ville. Sur cet avis, le conseil de la Ligue décida que le sieur de Vermoise et le sieur Dollet, qui étaient de garde le jeudi 24, et le sieur de Mauroy, conseiller de ville, proche voisin du sieur Douinet, maire, seraient mis en prison, pour ensuite faire leur procès, ainsi que les maçons qui devaient démolir les murs fermant la porte de la Madeleine.

C'était à cette époque que les ligueurs de la ville de Troyes tenaient prisonnières Marie de Luxembourg, abbesse de Notre-Dame-aux-Nonnains, fille du duc de Piney, avec d'autres religieuses de la même abbaye, dans l'hôtel de Vauluisant. Le duc, de son côté, retenait en charte privée plusieurs Troyens dans son château de Plancy, pour lesquels il demandait 12,000 écus de rançon.

La lutte continuait. On faisait des prisonniers des deux côtés, et souvent ceux-ci étaient conduits au dernier supplice. Ainsi, le 28 avril 1590, on exécuta les nommés Saugey et Tarot, faits prisonniers à Montiéramey, par les ligueurs; ces deux hommes étant du parti contraire. Mais les prisonniers étaient en plus grand nombre, car, un mois après, les ligueurs les plus ardents se plaignaient de la lenteur apportée au jugement des prisonniers faits à Montiéramey. On poursuivait les politiques par tous les moyens. Le conseil de la Ligue, tenu à Troyes, décide, sur la demande du procureur du roi, que le sieur Nicolas Borgnat, demeurant à Vendeuvre, ayant *au préjudice de la cause* approuvé la juridiction nouvelle du prétendu Parlement de Châlons, une part de succession qui lui est échue à Troyes sera saisie *au profit de sa cause.*

Dans cette même année on dressa des barricades à Vendeuvre pour se fortifier sans doute contre des attaques de l'extérieur, et ces barricades étaient en grande partie formées d'arbres coupés dans les forêts du voisinage.

Dans le courant de l'été de 1591, Vendeuvre et ses environs furent sans cesse parcourus par les gens de guerre des deux partis. Les ligueurs s'emparèrent de plusieurs fermes et hameaux, tels que le Fort-Brochot, la Reclaie, le Gagnage-au-Chat, Couvant, le Petit-Forêt, Potelet, etc. (1).

Le duc d'Aumont, qui commandait pour Henri IV, donna ordre aux habitants de Vendeuvre de déloger les ligueurs de ces différents lieux, sous peine de lui payer 2,000 écus d'amende. Cet ordre fut exécuté; mais les ligueurs expulsés se réfugièrent au château de La Villeneuve occupé par les gens de la Ligue. M. d'Aumont, comte de Châteauroux, maréchal de France et lieutenant-général pour le Roi, commandant l'armée de Bourgogne, fit le siège du château de La Villeneuve. Ce château se composait de six gros pavillons flanqués de tours et entourés de fossés, et dominait toute la contrée. Un sieur Daudinot, lieutenant de la compagnie de M. de Sessac, en avait le commandement. Il en faisait un lieu de refuge pour lui et ses hommes. Il disposait d'une troupe de quatre-vingts cavaliers et de gens de pied qui parcouraient la Champagne jusqu'aux portes de Châlons. Il faisait de nombreux prisonniers qu'il ramenait avec lui à La Villeneuve, et ne les mettait en liberté que moyennant rançon. Il s'était emparé de tous les biens de M. de Mesgrigny, propriétaire des terres de La Villeneuve, de Briel, de la Loge, etc.

Le sire d'Aumont s'empara du château de La Villeneuve, et aussitôt il en ordonna la démolition. Les habitants de Vendeuvre furent contraints à travailler à cette destruction, suivant l'ordre qu'ils en reçurent le 26 août 1591. Ils se mirent à l'œuvre; on battit en brèche le château à coups de canons. Les Suisses travaillèrent à le démanteler; mais la besogne n'avançant pas assez vite au gré des démolisseurs, on mit le feu au château, qui ne se releva de ses ruines qu'en partie.

La prise du château de La Villeneuve fut un échec vivement senti par les ligueurs. Ce parti reprocha de la cruauté au duc d'Aumont à l'égard des soldats qui défendaient cette forteresse

---

(1) Quelques-unes de ces fermes, détruites alors, n'ont pas été relevées depuis. Plusieurs d'entre elles constituaient des fiefs entourés de fossés, et pouvaient ainsi présenter une certaine résistance.

pour la Ligue. Le maréchal avait fait prisonniers tous les hommes
d'armes trouvés au château.

Parmi ceux-ci, il en fit pendre quinze à un orme près du village de La Villeneuve. Il en rançonna d'autres, il en enferma
dans le château de Bar-sur-Seine, et là il en fit pendre et étrangler un certain nombre. Le conseil de la Ligue établi à Troyes
fit avertir le prince de Joinville des faits reprochés au maréchal d'Aumont, et lui demanda à titre de représailles l'autorisation de faire étrangler les soldats du parti contraire qu'il tenait dans les prisons de Troyes, en exceptant toutefois ceux qui
n'avaient pas volé sur les grands chemins (1). Le nombre de
ceux-ci devait être bien faible.

Les habitants de Vendeuvre étant en bons rapports politiques avec ceux Troyes, le conseil de la Ligue, en 1592, racheta
le sieur Anne Gérard, de Vendeuvre, prisonnier du sieur de
Poitrincourt, moyennant cinq écus payés avec les deniers de
la cause.

L'un des ligueurs les plus redoutés de la contrée fut Antoine
du Gellan, baron de Thenissey. Il était mestre de camp d'un régiment de gens de pied, et gouverneur de Châtillon-sur-Seine.
Son autorité tyrannique dominait sur tout le pays compris entre Châtillon, Bar-sur-Aube et Chaumont.

Dans ces derniers temps, Vendeuvre paraît lié au sort de
Châtillon-sur-Seine. Ce serait en même temps que cette ville,
en mars 1595, que Vendeuvre aurait reconnu le pouvoir de
Henri IV, c'est-à-dire, environ dix mois après la soumission
de la ville de Troyes.

Malgré cette soumission, la lutte continuait sur d'autres points,
et la Champagne ne fut pas encore purgée des hommes de guerre.
En 1597, au mois de mai, la ville de Troyes craint les ennemis,
et dans une délibération du corps de ville, du 26 de ce mois, on
lit : « Les ennemis pourraient facilement venir jusqu'aux portes
» de ceste ville qui recepvrait par ce moyen infiniz molestes, ra-
» vages et oppressions, ainsi qu'ilz l'ont jà témoigné au pillage
» de Vendeuvre. »

Non seulement il y eut pillage, mais les troupes qui saccagèrent Vendeuvre firent des prisonniers et les emmenèrent jusqu'au fond de la Lorraine. L'un d'eux, Ligier Bidault, se racheta

---

(1) Arch. mun. de Troyes. Reg. des délibérations.

moyennant 200 écus qu'un commerçant nommé Flacce, habitant Velaine (1), avança sur la recommandation de M. Dare, maire de Troyes.

Ainsi, Vendeuvre aurait été pillé dans le cours de 1597. Dans le même temps, la ville de Troyes est en correspondance avec les villes de Langres et de Chaumont, pour les décider à prendre parti contre les ennemis du Roi. Ces villes paraissent vouloir rester neutres.

Après la soumission de la France au pouvoir de Henri IV, les populations rurales respirèrent de nouveau. Mais la ruine des fortunes privées fut si complète, que plus de vingt ans après, c'était à peine si une faible partie des pertes éprouvées était répareé. Le cri de douleur que jettent les habitants des campagnes, sur cette époque malheureuse, compose toutes les doléances et remontrances qu'ils adressent au jeune Louis XIII, au lendemain de sa majorité.

L'œuvre du xvie siècle fut magnifique dans son ensemble et dans ses résultats. Les arts, les lettres, les sciences, toutes les connaissances humaines s'élèvent à un dégré inconnu jusque-là, et cette glorieuse époque reçut le nom de Renaissance. Combien de noms illustres ne sont-ils pas restés de ce siècle à jamais célèbre! Combien les populations des villes, malgré leurs souffrances journalières, n'ont-elles pas profité de cette diffusion des connaissances humaines qu'elles ont appliquées ensuite à leur bien-être! Mais quel qu'ait été le résultat de la lutte intellectuelle, les habitants des campagnes restèrent en dehors des progrès obtenus. Leur position sociale si inférieure, leur ignorance si profonde, quarante ans au moins de courses incessantes des gens de guerre les plaçaient en dehors de ce grand mouvement social. Il fallut l'influence du sage minis're de Henri IV, de Sully, pour que les habitants des campagnes fussent appelés, après la paix, à jouir de quelques privilèges partis du haut du trône, et qui, pour arriver jusqu'à eux, étaient formulés en édits royaux dont l'application trouvait une résistance, trop souvent impunie, de la part des agents du pouvoir chargés de leur exécution.

----

(1) Velaine (Meuse), Velaine-en-Haie et Velaine-sous-Amance (Meurthe).

CHAPITRE VI.

1597—1700.

Edits royaux favorables aux habitants de la campagne. — Émeute à l'occasion des impôts. — Causes de la ruine de l'agriculture au xviie siècle. — Taxes féodales dues par les habitants d'Amance, de la Maison des champs et de La Villeneuve. — Aveu et dénombrement de la seigneurie de Vendeuvre par François de Luxembourg, en 1603. — Le banquet des chevaliers à Briel. — Troubles de 1614. — État de la contrée. — Le prince de Condé à Vendeuvre. — On remet les châteaux forts en état de défense. — Le voyeur de la ville de Troyes arrêté par les troupes du duc de Luxembourg. — Conditions imposées à la ville de Troyes pour sa rançon. — Dépenses de la ville de Troyes pour réduire la ville de Méry, le fort de Rosnay, et les châteaux de Brienne et de Vendeuvre. — États-généraux de 1614. — Cahiers de remontrances des habitants de Vendeuvre, d'Argançon, de Beurey, de Longpré, du Magny-Fouchard, de Meurville et de Spoy. — Vente de la seigneurie de Vendeuvre à M. Jean de Mesgrigny. — Peste. — Mortalité. — Réunion du bénéfice de l'hôpital à la chapelle du château, aliénation des bâtiments de l'hôpital. — Requête du procureur du roi au bailliage de Troyes pour faire ordonner la réparation des églises. Girardon, sculpteur, exécute le maître-autel de l'église de Vendeuvre. — Ordonnance relative aux biens communaux. — Taille royale imposée sur Vendeuvre et villages voisins. — Nombre de feux. — Garnison à Vendeuvre. — Assassinat du trompette. — Ordonnance de police en vers. — La famille de Lenoncourt. — Sidonie de Lenoncourt, marquise de Courcelles. — Assassinat causé par les dissensions religieuses. — Taxes du ban et de l'arrière-ban sur des fiefs passés dans les mains de roturiers. — Milice royale. — Les traitants. — État misérable de l'agriculture. — M. du Berle et les soldats de M. de La Motte-Gondrin. — Administration des biens des communautés d'habitants. — Démolition de la porte dorée. — Maire perpétuel à Vendeuvre. — Flottage dans la Barse, dans le Landion. — Création de la poste aux chevaux, de la distribution des lettres, de la direction des postes, du contrôle des actes. — Incendies.

Sous l'heureuse influence de Sully, Henri IV tenta d'améliorer le sort des habitants de la campagne. Dès 1595, Henri IV avait renouvelé l'ancienne défense de saisir, pour dettes publiques ou privées, la personne des laboureurs, leurs instruments et les bestiaux de labour.

Un édit de février 1597 avait ordonné aux officiers royaux de courir sus aux gens de guerre que tenaient les champs sans commission du Roi, et qui désolaient les paysans par leur brigandage. Un autre édit de l'année suivante, du mois d'avril 1598, qui défendit le port des armes à feu, sinon aux gens de guerre en activité de service, et aux gentilshommes sur leurs terres, fut le complément du précédent. Les paysans furent autorisés à sonner le tocsin contre les contrevenants à l'édit et ceux-ci devaient être punis de mort en cas de récidive.

Le peuple de la campagne était accablé sous le poids des arrérages des tailles amoncelées d'année en année. Le Roi, par une ordonnance de 1600, remit tout ce qui était dû sur les années 1594, 1595 et 1596, afin qu'on pût acquitter les arrérages de 1597, 1598 t 1599.

La répression rigoureuse des abus de la répartition soulagea bien plus encore les campagnes que la diminution de l'impôt foncier. C'est sous l'influence de l'accumulation de ces arrérages qu'en l'année 1600 Vendeuvre eut une émeute à l'occasion des impôts et de leur perception. Le paiement en fut refusé avec violence par les habitants. On barricada les entrées de Vendeuvre. Des sentinelles furent placées à la grosse tour du château et au haut du clocher. En cas d'alarme ou de l'approche de gens armés, on devait sonner le tocsin. On se réunissait au château pour diriger la défense sur les points menacés. Le quartier haut était placé sous le commandement du sieur Guy Lapoulle, sieur du Chaffaut, et le quartier bas sous celui de Philibert Olivier. Des gens armés envahirent le territoire pour se saisir des bestiaux étant au pâturage. Les cloches sonnèrent, la population se leva en armes, courut sus et reprit les bestiaux dont on s'était emparé. En 1660, on voyait encore les restes des constructions faites à cette époque pour la défense du pays (1).

On n'a que trop longtemps oublié l'axiòme de Sully : labourage et pâturage sont les deux mamelles qui nourrissent la France. La décadence de notre agriculture date du jour ou l'équilibre a été rompu entre les deux éléments fondamentaux de l'aménagement du sol. Cet équilibre a disparu de nos contrées depuis bientôt trois siècles, et les terres à blé ont empiété à partir de ce moment sur les pâturages. Avec les pâturages ont diminué les bestiaux, avec les bestiaux les engrais, avec les engrais le rendement du sol, et l'on a eu moins de blé à mesure qu'on a eu plus de terres à blé. Cette réflexion est applicable à nos contrées. Le défrichement considérable des forêts (14,000 arpents) sur la seigneurie de Vendeuvre, vers le milieu du XVIe siècle, a enlevé cette superficie au pâturage, et l'a fait passer dans le labourage. Le défaut de bestiaux, par suite le manque d'engrais,

---

(1) **Chevalier.**

au XVIIe et XVIIIe siècles, se joignant aux impôts excessifs, ruina les fermiers qui ne pouvaient plus, au siècle dernier, payer leurs propriétaires. Cette ruine décida, au commencement du XIXe, la plantation en bois de la plus grande partie des terrains défrichés au XVIe.

On a vu précédemment les diverses taxes seigneuriales imposées sur les habitants de Vendeuvre. Les villages voisins n'en étaient pas moins grevés qu'eux. Ainsi à Amance, le seigneur, qui était le prieur de Saint-Georges de Vendeuvre, percevait chaque année le jour de Saint-Remi, sur chaque habitant ayant *bête tirante,* 12 d. t. en argent, un boisseau de froment et un boisseau d'avoine *pour leur personne,* et pour *chaque bête tirante* deux sols tournois, 2 boisseaux de froment, 4 boisseaux d'avoine, et pour chaque bête non tirante ayant un an et plus 2 deniers, pour un porc un denier, ainsi que pour une chèvre et une brebis. Ils devaient en outre pour chaque *bête trayante,* au jour de carême prenant et *pour le feu,* six deniers et une poule. La rente payée sur les bêtes prenait le nom *de droit de cornage.* A la Maison-des-Champs la redevance était attachée au sol. Une partie du territoire devait chaque année au seigneur par arpent trois boisseaux moitié froment moitié avoine, autant plein que vide, c'est-à-dire que le terrain soit ou non cultivé; l'autre partie devait deux boisseaux, l'un de froment, l'autre d'avoine et douze deniers, et en outre par chaqne feu un chapon et une poule.

Sur les habitants de la Villeneuve pesaient les charges résultant de la charte de 1255, modifiées par deux transactions de 1572 et de 1574. Par ces transactions, il est arrêté qu'au lieu de payer deux gerbes sur douze, ils paieraient un demi-boisseau de méteil pour chaque arpent de terre ensemencé. Ce droit est trouvé trop onéreux en raison du médiocre produit des terres. Les maisons, prés, vignes et vergers étaient en outre frappés de redevances fort diverses au profit du seigneur, sans comprendre la banalité des fours, moulins et routoirs.

En février 1603, François de Luxembourg, duc de Piney, en sa qualité de baron de Vendeuvre, fit au Roi aveu et dénombrement de sa baronnie de Vendeuvre. Parmi les déclarations qu'il fait, on trouve notamment celles-ci :

Le seigneur de Vendeuvre a haute, moyenne et basse justice sur tous ses féaux.

Le *scing* de la haute justice (qu'il ne faut pas prendre pour un sceau, mais pour le signe de la haute justice) a quatre piliers et il est couvert.

Le seigneur a bailliage, prévôté (1), grurie (2), grairie. Les baillis et gruyers sont à ses gages. Ils ont la connaissance de tous les méfaits et délits commis dans ses rivières et forêts.

L'amende est de 65 sous, sur lesquels cinq sous appartiennent au garde, le surplus au seigneur.

Le seigneur a sceau authentique, notaire et tabellion en garde; la marque des boisseaux et des pintes, la mesure des aunes, les poids à peser toutes denrées, la visite sur tous ceux qui vendent dans sa seigneurie à quelques mesures et poids que ce soit.

L'amende de fausse mesure est de 60 sous, et elle lui appartient. La mesure de Vendeuvre a cours dans toute la châtellenie. Il y a foires à Vendeuvre à la Saint-Georges (23 avril) et à la Saint-Luc (18 octobre) et marchés tous les lundis.

Le seigneur a l'étalage et la vente de toute denrée à Vendeuvre, et le minage et mesurage des grains.

Un pressoir à vin qui est bannal mais de nulle valeur, la plus grande partie des vignes étant en désert.

Le seigneur a un droit de péage et de rouage qui est affermé.

Il jouit de deux tailles abonnées, l'une perçue en argent, l'autre en nature.

La rivière est banale, on ne peut y pêcher sans la permission du seigneur. Elle est commune avec ses habitants depuis le moulin Cornet (3).

Le seigneur a la nomination du chapelain de la maison-Dieu où l'on reçoit les pauvres mendiants passant et celle du chapelain de Saint-Nicolas.

Parmi les droits bizarres que la féodalité avait légués aux

---

(1) La prévôté, supprimée en 1562, avait été rétablie. Un sieur Borgnat, seigneur de Longpré, était prévôt et gruyer de Vendeuvre en 1590.

(2) Grurie, grairie, offices dont les titulaires étaient chargés de la surveillance et de l'administration des forêts et de la répression des délits qui s'y commettaient.

(3) A partir de ce moulin jusqu'au pont Chevalier, les eaux de la source du château coulent presque dans tout ce parcours sous des constructions qui couvrent le lit de la rivière. Ces constructions auraient été élevées en exécution de concessions seigneuriales établies par titres.

siècles futurs, on remarque, dans un aveu et dénombrement de la terre de Briel fait par Jean de Mesgrigny, sieur de la Villeneuve, Briel et la Loge à Henri de Luxembourg, comme seigneur de Vendeuvre, vers 1614, que le curé de Briel a le droit de prendre sur les habitants quatre septiers de froment pour un banquet qu'il doit aux seigneurs de Briel, à leur famille, à leurs chiens et à leurs oiseaux, le lendemain de la fête de Saint-Maurice, patron de Briel. Ce repas était nommé : *banquet des chevaliers.*

L'assassinat de Henri IV, réveilla l'ambition des grands, si bien comprimée par ce roi de politique si habile et de si populaire mémoire. Mais il n'était plus et le faible gouvernement de la régente ne put maîtriser ce mouvement insurrectionnel contre la monarchie restaurée par le fondateur de la branche royale de Bourbon. Le prince de Condé se mit à la tête des grands seigneurs mécontents. Pour fortifier le pouvoir royal, la mère du Roi fit convoquer les Etats généraux, alors que déjà les troupes circulaient dans la province. Henri de Luxembourg était allié à la famille de Montmorency, et commandait dans les châteaux de Pougy, de Piney, de Vendeuvre, et les autres chateaux-forts du voisinage suivaient son parti. César de Vendôme, petit-fils de Henri IV, dont il n'avait pas les qualités, était seigneur de la terre et du château de Jaucourt, de ceux de Beaufort ou de Montmorency. Charles, duc de Nevers, gouverneur de Champagne, possédait des terres non moins importantes sur les confins de la Bourgogne et en Champagne. Tous les châteaux-forts de la contrée se trouvaient entre les mains des mécontents.

En 1614, le prince de Condé, le duc de Nevers et le maréchal de Bouillon parcouraient avec leurs troupes les confins de la Champagne et de la Bourgogne. Le prince de Condé aurait même, en personne, occupé le château de Vendeuvre avec les soldats placés sous son commandement. Le duc de Luxembourg avait sous ses ordres 400 hommes et 300 chevaux.

On remettait alors en état de défense les châteaux que les guerres de la ligue avaient en grande partie ruinés. On travaillait, malgré la volonté du Roi, à reconstruire le château de Rosnay. Dandelot, du parti des mécontents, veillait à l'exécution des travaux. On travaillait aussi à celui de Chappes. Pendant ce temps, 6000 suisses de nouvelles levées arrivaient à Troyes pour soutenir la cause royale.

La ville de Troyes, dans l'intérêt du Roi, faisait visiter tous ces lieux toujours redoutés des populations rurales. Elle envoya à Chappes son voyeur accompagné d'un commissaire royal, pour savoir la vérité sur ces travaux. Ces deux personnages, se rendant de Chappes à Rosnay, furent arrêtés par les troupes du duc de Luxembourg, commandées par le sieur de Menetou et retenus prisonniers au château de Vendeuvre. Aussitôt que le conseil de ville apprit cette double arrestation, il fit de nouveau incarcérer le sieur de Montbaslo, gentilhomme au service du duc, que la veille il avait fait mettre en liberté. Dandelot demanda ensuite à la ville, pour le rachat de son voyeur, la remise de *quatre canons de batterie,* avec l'attelage nécessaire en hommes et en chevaux pour les conduire, des munitions, de la poudre et des *balles* pour tirer cent coups de canons, trois pionniers et des gens de guerre autant qu'on pourra en envoyer.

Le conseil refuse tout engagement avec Dandelot, lui fait savoir qu'aucun canon, comme aucunes munitions de guerre, ne sortiront de Troyes sans les ordres du Roi. Vers la même époque, le marquis de Resnel, qui était au nombre des mécontents, n'obtint qu'un refus de conseil de ville sur sa demande de munitions.

La ville de Troyes seconda activement les troupes royales pour combattre la noblesse. Elle fournit des secours en hommes, en argent et en munitions, et en 1616 elle rappela au Roi que, pendant la révolte des seigneurs, elle dépensa pour sa cause plus de 60,000 livres employées tant à la réduction à son obéissance de la ville de Méry, du fort de Rosnay, et des châteaux de Brienne et de Vendeuvre, qu'à la réparation de ses murailles.

Marie de Médicis convoqua les Etats généraux, cette ressource de la royauté aux abois. Les élections lui furent favorables et les princes auraient désiré que cette assemblée n'eût pas lieu.

Les relations entre les trois classes se sont modifiées depuis les derniers états généraux. Le Tiers-Etat, sous l'influence de la nouvelle monarchie, a fait un grand pas, il ose se comparer au clergé et à la noblesse. Son orateur déclare que le Tiers-Etat est le frère cadet des deux autres ordres, quelle audace! Henri IV avait rapproché les distances, et vienne 1789, l'orateur du tiers adressera debout la parole à son souverain, lui qui, dans ces solennelles assemblées, ne parlait au Roi qu'à genoux.

Cette assemblée n'eut pas les résultats de celles de 1560 et de

1575. Elle ne fut pas suivie d'une de ces ordonnances qui laissent de profondes traces dans la législation. Elle ne fut pas accompagnée d'événements aussi funestes que celle de 1588. Ses suites furent peu brillantes et surtout peu durables. La nation ne retira que fort peu de profit de cette assemblée.

Mais les cahiers rédigés par les habitants des campagnes nous apprennent l'état dans lequel ils vivaient à cette époque.

Commençons cet examen, en ouvrant celui de Vendeuvre.

L'assemblée, à Vendeuvre, fut formée par plus de deux cents habitants représentant la plus grande et la plus saine partie des habitants du pays :

Thieffrain y avait envoyé Didier Cuisinot et Etienne Charpentier ;

Marolles, Germain Leseurre et Claude Martinot ;

Briel, Vincent Savinien et Gaspard Fleur ;

La Villeneuve, Etienne Verpy et Guillaume Viardet ;

La Loge-aux-Chèvres, Claude Baudon et Toussaint Leclerc ;

Vauchonvilliers, Nicolas Bugnetat et Jehan Lemoine ;

La Ville-au-Bois, Claude Dubois et Nicolas Roger ;

La Valsuzenay (qui compte seulement six habitants), Edme Plumé.

Dans cette réunion furent élus pour députés à l'assemblée du bailliage de Troyes, Claude Gérard, lieutenant au bailliage de Vendeuvre, et Me Joseph Jaquot, procureur au même bailliage. Pour remplir leur mission, les assistants remirent entre leurs mains un cahier contenant leurs doléances.

Ils se plaignent des suites si fâcheuses des guerres de religion, et de l'excès des impositions qui pèsent sur eux, et dont la plus grande partie est employée aux fortifications de Langres et de Chaumont, auxquelles ils n'ont aucun intérêt.

Ils remontrent qu'ils sont chargés de contributions employées aux réparations du pont de Bar-sur-Seine, rompu pendant les troubles pour prêter main-forte aux ennemis du Roi, réparations pour lesquelles, disent-ils, on a imposé sur le grenier à sel 17,000 livres, quoique l'adjudication en ait été faite pour 8,000.

Ils remontrent les vexations des élus de Chaumont, et de tout le service de recettes dont les frais doublent le capital, l'éloignement de Vendeuvre avec Chaumont, les mauvais chemins pour parvenir à cette ville, « et plus encore, le danger qu'il y a au

» passage des grands bois et forestz que l'on ne traverse qu'avec
» un grand hasard et péril, et principalement quand il est ques-
» tion de porter les quartiers des tailles pour estre les vols et
» homicides assez fréquens esdictes forestz. »

Ils demandent à faire partie de l'Election de Troyes, étant
déjà du bailliage de cette ville (1).

Ils se plaignent enfin du grand nombre de privilégiés, de l'é-
lévation du prix du sel et de l'impôt du vin, et que n'ayant aucun revenu commun, en cas de levée de deniers dans l'intérêt
de la communauté, les frais dépassent de beaucoup la somme
principale.

Les habitants d'Argançon, réunis à ceux de la seigneurie de
Jaucourt, disent que leur village ne produit pas de quoi les
nourrir; que le prix du sel est énorme, et que de plus on les
oblige à en lever plus qu'ils n'en ont besoin; enfin, que leurs
bâtiments, ruinés par les guerres, n'ont pu encore être relevés.

Parmi les plaintes des habitants de Beurey, on lit que, par
trois fois, pendant les guerres de religion, on démantela leurs
murailles et qu'on brûla leurs portes et leurs ponts-levis.

Les habitants de Dolancourt sont tous manouvriers et vignerons. Leur délégué est le seul laboureur du pays. La pauvreté
des habitants les empêche de reconstruire les maisons détruites
pendant les dernières guerres.

Les habitants de Longpré rappellent que les troupes du maréchal de Byron et celles de M. de Salignac ont brûlé leurs meilleures maisons qu'ils n'ont pu encore réédifier. Les habitants
ont, en partie, quitté le pays, et ils ne sont plus que trente-
deux. Ils ne peuvent achever leur église. Toutes les terres sont
tenues à ferme, et sur neuf charrues une seule laboure encore.

Les habitants du Magny-Fouchard remontrent surtout qu'ils
sont grevés de 1,200 livres de dettes par suite des grandes tailles
imposées tant par le Roi que par le parti contraire, durant les
dernières guerres et par suite des emprunts qu'ils ont contractés pour y satisfaire en 1595, 1596 et 1597.

Meurville se plaint des ruines occasionnées par les guerres de
religion, parce qu'ils étaient sujets de M. de Dinteville, qu'or-
dinairement ils sont affligés de peste, et qu'ils sont obligés de
quitter le pays.

---

(1) **A aucune époque, Vendeuvre ne fut de l'Election de Troyes.**

Enfin, les habitants de Spoix formulent des remontrances qui ont un caractère particulier. Ils demandent que le curé dise sa messe tous les jours, qu'il habite l'enclos de la maison presbytérale, et qu'il catéchise les enfants ;

Que les curés fussent séparés des femmes et filles mal famées, et que, comme autrefois, ils se servent d'un clerc ;

Qu'ils fassent payer moins cher les enterrements, et non pas trois, quatre, cinq et six livres qu'ils exigent ;

Qu'ils donnent leur superflu aux veuves et aux orphelins, et n'achètent ni gagnages ni métairies ;

Enfin que pendant les troubles le château de Spoix, appartenant à M. de Dinteville et où étaient déposés tous les biens des habitants, fut pris et repris plusieurs fois ; qu'ils ont eu charge excessive de gens de guerre, et que leurs maisons, brûlées par ceux-ci, n'ont pas encore été relevées.

Toutes ces remontrances sont accompagnées de plaintes amères contre les impôts qui sont excessifs et perçus avec les plus grands frais au grand dommage des imposés.

Les Etats généraux ne mirent pas fin aux courses des gens de guerre. Ce ne fut qu'après la paix de Ludun (1617), signée entre Louis XIII et les grands seigneurs, que la Champagne fut moins tourmentée par leur présence. Les villes privilégiées leur furent fermées pendant longtemps encore. Chaque année les régiments divisés prenaient leurs quartiers d'hiver dans les villages qui ne recevaient qu'une indemnité dérisoire. Les campagnes ne furent en réalité débarrassées des gens de guerre que vers la fin du xviie siècle, et la Fronde fut encore une nouvelle cause de pertes et de ruines pour la plus grande partie de la Champagne.

De la fin du xvie siècle date une modification profonde dans les droits comme dans l'importance des seigneuries. A la mort de Henri de Luxembourg, la terre de Vendeuvre passa à ses deux filles, l'une mariée à Charles-Henri de Clermont-Tonnerre, duc de Luxembourg et de Piney, et l'autre, à Henri de Lévis, duc de Ventadour, qui tous deux la vendirent à Jean de Mesgrigny, intendant d'Auvergne et de Bourbonnais. L'acte de vente, daté du 12 mai 1637, porte que les héritières de Henri de Luxembourg vendaient la terre et baronnie de Vendeuvre situées au bailliage de Troyes, consistant en haute, moyenne et basse justice, avec bailliage et ressort ; maison-forte, château, parc, jardins, vignes, terres, prés, bois, gagnages, terrages, rentes, censives, corvées, terres vacantes, moulins, pressoirs, fours bannaux, étangs, rivières, hallages, minage, péage, fiefs, vassaux et arrière-vassaux, greffes et tabellionnages, institutions d'officiers, droits de patronnage et autres choses généralement quelconques dépendantes de ladite baronnie de Vendeuvre, des Forges, des Routes croisées et lieux circonvoisins.

Malgré cette longue énumération de propriétés foncières, de droits et de priviléges féodaux, on remarque qu'il y a loin de cette désignation à celle qui est contenue au partage des terres de Bligny, Spoix et Meurville, en 1504, où l'existence des hommes et des femmes *de poëste* ou de main-morte est encore constatée, lesquels restent sous le coup de la poursuite du seigneur. Cette classe d'hommes a totalement disparu sous l'influence de la coutume de Troyes et des idées du xvie siècle.

La peste sévit dans toute la contrée, de 1630 à 1640. Tous les environs de Vendeuvre furent frappés d'une grande mortalité. Cette terrible épidémie avait été provoquée par une de ces famines, autrefois si communes et dont les horreurs, fort heureusement, nous sont inconnues au xixe siècle, sans vouloir oublier celles de 1814 et de 1815. A Bar-sur-Seine, les hommes y mangeaient des pains de chenevis.

A Vendeuvre, la famine n'exerçait pas de moins grands ravages, et cette profonde misère était toujours accompagnée ou suivie de la peste.

En 1637, le duc et la duchesse de Luxembourg quittèrent Vendeuvre à cause de la peste, et se retirèrent en leur château de Piney.

La mortalité subit à Vendeuvre, de 1630 à 1646, une fluctuation des plus singulières. Cet état anormal est certainement motivé par plusieurs apparitions de pestes.

Voici les chiffres :

1630,	113 décès.	1635,	114 décès.	1641,	32 décès.
1631,	94 —	1636,	(inconnus).	1642,	17 —
1632,	111 —	1637,	99 décès [1].	1643,	16 —
1633,	99 —	1638,	6 —	1644,	10 —
1634,	86 —	1639,	5 —	1645,	10 —
		1640,	16 —	1646,	19 —

---

(1) **Le vicaire mourut « assailli de peste, »** et le curé écrivit sur son registre : ***Plures omitta infantes scribendus.***

Le 10 décembre 1644, le bénéfice, attaché à l'hôpital et à la maladrerie de Vendeuvre, fut réuni à la chapelle du château, et deux ans après les bâtiments dudit hôpital, situés dans la grande rue, sont cédés à un sieur Edme Bouclan moyennant échange.

Bien que la guerre de la Fronde fût terminée depuis un certain nombre d'années, le bailliage de Troyes n'avait pas encore réparé ses pertes en 1661. Voici en quels termes le procureur du roi s'adresse aux conseillers au bailliage, pour obtenir d'eux les moyens de contraindre ceux qui sont chargés de réparer les églises paroissiales du bailliage à remplir leurs obligations.

« Vous remonstre, le procureur du roy, qu'estant une de ses
» principalles fonctions de se charger de veiller à ce que les églises
» et lieux destinez a faire le service divin soient entretenuz selon
» la décence requise, il en auroit esté empesché par la considé-
» ration des guerres et ruines qui seraient arrivées par icelles, ce
» qui auroit faict déserter la pluspart des meilleurs habitans et
» subjects du roy pour en éviter les rigueurs et contrainctes d'a-
» bandonner leurs maisons pour se retirer dans les villes des-
» quelles ilz se seroient présentement retirez pour retourner en
» leurs maisons à cause de la paix que S. M. leur auroit donnée.
» Le retour desquels ayant par leur labeur augmenté les dismes,
» les abbez, chappistres, prieurés et autres, mesmes les décima-
» teurs et seigneurs possesseurs des dimes inféodées ne peuvent
» avoir d'exceptions ny aucun subject de s'exempter présente-
» ment de faire travaillier aux réparations nécessaires auxdictes
» églises, lesquelles sont pour la plupart en un tel désordre que
» l'on n'y peut célébrer la saincte messe, ny faire aucunes fonc-
» tions, ce qui cause un sy grand scandal que plainctes en ayant
» estées portées à Sa Majesté, il (sic) auroit enjoinct à M. le pro-
» cureur général d'y apporter ses soins, il auroit receu ordre de
» luy en datte du 30e avril dernier, de faire saisir les dismes et
» revenus de ceux qui sont subjects auxdictes réparations, mesme
» pour la décoration desdictes églises, ornemens, cloches et ca-
» lices, ce qui l'oblige à requérir qu'il y soit pourveu; à ces
» causes, requiert qu'il vous plaise ordonner au premier huissier
» sur ce requis, de se transporter incessamment dans toutes les
» abbayes, prieurez, cures et paroisses de ce ressort pour saisir
» entre les mains des fermiers ce quilz peuvent y debvoir de de-
» niers et ce jusqu'à concurrence du tiers des deniers ou ce qu'il

» conviendra pour les réparations ou décorations du moings ez
» endroictz où il y en auroit quelques unes à faire, dresser procès
» verbal de l'estat des lieux, ce qui sera exécuté nonobstant op-
» position. »

Sur cette requête, le bailliage fit droit en ordonnant la visite
des églises par des sergents, afin de constater en quel état elles
se trouvaient. Certes, si les plaintes étaient montées jusqu'au roi,
il fallait qu'elles fussent motivées par de sérieux griefs contre
ceux qui avaient la charge de l'entretien et de la décoration des
églises.

Mais les habitants de Vendeuvre auraient devancé les ordres
du roi. Leur église avait, sans doute, souffert au moins dans sa
décoration. Ils chargèrent, si l'on en croit la tradition, un jeune
sculpteur, qui ne soupçonnait pas encore le brillant avenir que
lui promettait son ciseau, d'édifier le grand autel de leur église.
Ils s'adressèrent à François Girardon, âgé alors d'environ vingt
ans. Ce jeune artiste s'acquitta brillamment de sa tâche, et dressa,
dans l'église de Vendeuvre, un retable qui peut être considéré
comme un modèle dans le genre qui domina sous Louix XIV.
Plus avancé en âge, il le reproduisit dans l'église de Saint-Jean
de Troyes, mais moins heureusement et avec moins d'harmonie.
A Vendeuvre, l'autel fut combiné dans toutes ses dimensions,
avec l'espace qui lui était réservé, tandis que, dans l'église Saint-
Jean, l'autel est comprimé par la nef trop étroite pour recevoir
une décoration de ce genre.

Cet autel est divisé en deux parties, au-dessus du tombeau.
Le tableau qui en occupe le milieu, et qui représente le jugement de Saint-Pierre, est accosté de deux colonnes de marbre
noir et de pilastres de marbre veiné de blanc, de rouge et de
gris. Dans une riche corniche, d'ordre corinthien, comme les
chapiteaux des colonnes des pilastres qui la soutiennent, a été
ménagé un cartouche sur lequel se lit l'inscription suivante :

« QUÆ DE MANU TUA

» ACCEPIMUS, DOMINE, DEDIMUS

» TIBI. »

L'attique renferme une peinture représentant le Père éternel,
et a, pour amortissement, un vase accompagné de deux personnages à demi-couchés, et, dans un autre petit cartouche se
trouve la date : « 1649. » Ce retable est accompagné de deux

accotements richement ornés de sculptures, qui, en se courbant
en avant, se prolongent de trois à quatre mètres de chaque côté.
Dans cette partie, sont ménagées deux baies qui servent à communiquer avec la sacristie, placée derrière l'autel. Au-dessus de
ces baies, fermées par des portes de la date de l'œuvre principale, se voient les statues de saint Pierre et de saint Paul, qui,
si elles ne sont pas de Girardon, ne déparent point l'ensemble
de l'autel.

Si Girardon était déjà, en 1649, un artiste d'un grand mérite,
il aurait été, en même temps, un homme généreux. Il paraît
qu'il se mit au travail sans convenir de prix avec ceux qui le lui
avaient commandé. Son œuvre achevée, il l'estima à la somme
de 24,000 livres, qu'il aurait réduite à 8,000. Mais cette somme
aurait encore été trop considérable pour les ressources des habitants. Alors, il les tint quittes en leur demandant de placer au
sommet de l'autel l'inscription :

QUÆ DE MANU.....

L'on peut douter du trait que nous rapportons ici, nous le
puisons dans l'Essai manuscrit sur Vendeuvre, écrit par Nicolas
Chevalier, vers 1785. Si le maître-autel de l'église de Vendeuvre
n'est pas dû au ciseau de l'homme habile qui devint le sculpteur
ordinaire de Louis XIV, inspecteur-général des ouvrages de
sculptures, chancelier et directeur de l'Académie royale de peinture et de sculpture, il appartient à un architecte d'un vrai mérite.

On lit, du côté de l'évangile, sur une table de marbre noir fixée
à l'autel, un peu au-dessous de la corniche, et sur le côté :

EN L'AN 1649
CET AUTEL A
ESTE ACHEVE
FRANCOIS LIÉ
TARDET.....
MARGUILLIERS.

De l'autre côté de l'autel, on lit :

STRUEBAT
QUONDAM
FABRICA
1649.
N. COLLIGNON
FECIT.

Vers la même époque, on éleva un nouvel autel en l'honneur de Saint-Jean. Cet autel, en bois sculpté, orné de grandes colonnes torses, est un ouvrage fort remarquable de menuiserie.

En 1669, Louis XIV fit publier une ordonnance dans le but de faire rendre, par ceux qui les avaient usurpés, les biens communaux appartenant aux villages de la Champagne. Cette ordonnance est motivée sur ce que, pour dépouiller les communautés d'habitants, on s'est servi de dettes simulées, et abusé des formes de la justice. Ces biens avaient été concédés, dit le préambule de l'ordonnance, pour demeurer inséparablement attachés aux habitants des lieux, afin de donner moyen à ces habitants de nourrir des bestiaux et de fertiliser leurs terres par les engrais. Par leur aliénation, les habitants furent privés des moyens de faire subsister leurs familles. Ils ont été forcés d'abandonner leurs maisons, et, par cet abandon, les bestiaux ont péri, et les terres sont demeurées incultes. Le roi autorisa ensuite les habitants des paroisses et des communautés à se remettre en possession de tous les biens communs par eux vendus ou baillés à cens ou emphitéote depuis 1620, en remboursant, en dix ans, le principal des aliénations faites pour causes légitimes, avec intérêt au denier 24. Cette ordonnance, applicable à la Champagne seulement, fut, en 1661, par l'influence de Colbert, étendue à toute la France.

Nous reproduisons ici un extrait du rôle de la taille royale pour les communautés d'habitants de Vendeuvre et des environs. Nous joignons à ce document, qui date de 1659, le nombre de feux de ces mêmes communautés pour l'année 1665 (1).

	Taille. (1659.)	Nombre de feux. (1665.)
Vendeuvre	6,117 livres.	439 feux.
Bligny	1,020	110
« Valsuzenet »	44	1
Champ-au-Roi	334	22
La Villeneuve	1,284	108
La Ville-au-Bois	300	22
Vauchonvilliers	990	73

(1) Bibliothèque impériale, fonds de Colbert, les Vᶜ, nᵒ 273. Nous tenons ces documents de M. D'Arbois de Jubainville, qui a bien voulu nous les communiquer.

	Taille. (**1659.**)	Nombre de feux. (**1665.**)
Mesnil-Fouchard.	970 livres.	82 feux.
Maison-des-Champs.	380	33
« Spoit ».	1,654	162
Meurville	388	66
Fravaux	205	23
Amance	580	55
Briet	1,544	89
Magnant	500	120
Beurey.	1,818	»
Thieffrain.	804	88
« Lomprey ».	806	65
Montmartin	725	44
Le Puits et Nuisement. . . .	747	62 (1).

Bien qu'en 1667 les grandes villes fussent dépossédées du privilége de ne pas loger les gens de guerre, les paroisses rurales n'en avaient pas moins la charge d'en loger en quartier d'hiver. Vendeuvre avait en quartier, pour l'hiver de cette année là, la compagnie de Rochepert. Les querelles entre habitants et soldats n'étaient que trop fréquentes. Une querelle élevée entre un sieur Gobillon et le trompette de la compagnie fut suivie de la mort de ce dernier. Gobillon fut arrêté de suite, et après une instruction sommaire, le procureur fiscal formula devant le bailli de Vendeuvre un réquisitoire contre l'accusé, tendant à ce qu'il soit condamné à faire amende honorable au-devant du grand portail de l'église, la torche de cire jaune au poing, la tête et les pieds nus, à être ensuite pendu à une potence le jour de marché ayant au cou le couteau qui avait servi à commettre le crime. Après sa mort, le corps devait être enlevé de la potence et attaché à un arbre du grand chemin, tous les biens de l'accusé confisqués au profit du seigneur. Ces réquisitions ne furent pas suivies d'une condamnation par le bailli. La justice militaire réclama le coupable, et sans aucun doute se chargea de faire prompte et sévère justice.

Marolles fut, au xvie siècle, détaché de la seigneurie de Vendeuvre par l'aliénation qu'en fit Antoinette d'Amboise, en faveur

---

(1) **Pour obtenir le nombre d'habitants, on doit multiplier ce chiffre par 4, suivant les uns, et par 5, selon l'avis des personnes attachées au fisc.**

de Pierre de Lenoncourt. Cette famille, l'une des quatre plus anciennes de la chevalerie de Lorraine, posséda Marolles pendant de longues années. Après Pierre vint Claude, et de Claude naquit Antoine, qui épousa Marie d'Angennes, de la famille de Rambouillet, branche de Fargis.

Il ne faut donc pas s'étonner que Lenoncourt, allié à la famille de Rambouillet, qui était le centre autour duquel se groupaient les beaux esprits du temps de Richelieu, eût eu l'idée de faire inscrire sur les murs de sa prison seigneuriale une ordonnance de police en vers. Cette ordonnance, datée de 1639, est dédiée par de Lenoncourt d'Angennes à l'Obéissance.

« 1639 »

LENONCOURT D'ANGENNES

A L'OBÉISSANCE.

Tu ne blasphemeras et ne jureras le nom de Dieu
Et obéiras à ses commandemens
Tu nentreras point et ne demeureras
Dans les cabarets tavernes et lieux de débauches
Ni jeux pendant les saincts services
Et tu tinformeras et apprendras les loix
Et ordonnances du roi et souverain pour y
       Obéir.

Tu honoreras tes père et mère et leurs
Obéiras et noffenseras ton prochain en son
Honneur ni en ce qui lui appartient
Tu obéiras à justice et respecteras les ministres
Dicelle en leur exercice
Et du reste des crimes tu en appréhendras
       Le chatiment.

L'obéissance de Marolles au lecteur
Je ne me nomme point cachot charte ou prison
Lecteur scays tu pourquoi ains à l'obéissance
Cest pour faire observer me voyant l'ordonnance
De Dieu, du roy du lieu de justice et raison.
     Obéy homme à la loy
     Et point de place icy pour toy.

Nous laissons apprécier aux lecteurs la valeur de la poésie.

Du mariage d'Antoine de Lenoncourt avec Marie d'Angennes naquit, entr'autres enfants, Joachim, marquis de Marolles, dont la vie fut fort agitée. Il eut de sa femme Eugénie de Cronenberg, plusieurs enfants, parmi lesquels on compte Marie Sidonie de Lenoncourt, dame de Marolles, bien connue dans les chroniques du siècle de Louis XIV, sous les noms de Sidonia de Lenoncourt, ou de marquise de Courcelles, par ses propres mémoires comme par ceux de la duchesse de Mazarin.

Marie Sidonie de Lenoncourt naquit en 1640. Elle eut le double malheur de perdre son père à l'âge de cinq ans, et de voir sa mère se remarier avec un homme sans naissance. Cette union la fit séparer de sa mère. L'éducation du couvent remplaça celle de la famille, et Sidonia passa dix années à devenir l'une des plus belles, des plus spirituelles et des plus séduisantes jeunes filles du royaume, à l'abbaye de Saint-Loup d'Orléans, chez sa tante, Marie de Lenoncourt, qui en était abbesse. Elle fut brusquement transportée à Paris, à l'hôtel de Soissons, pour épouser, par ordre de Louis XIV, un frère de Colbert. Sidonia ne voulut pas céder à la volonté du plus absolu des monarques. Sa beauté et sa richesse la firent rechercher. La coquetterie se développa chez elle avec une rapidité rare, et en fit bientôt la reine des salons. Elle épousa, sans trop savoir pourquoi, dit-on, le marquis de Courcelles. La belle et coquette Sidonia avoue dans ses mémoires que la première querelle entre elle et son mari date de la première nuit de leurs noces.

La marquise de Courcelles ne tarda pas à jeter son bonnet par-dessus les moulins. Nous ne suivrons pas tous ceux qui passèrent dans la ruelle de l'alcôve de Sidonia. Le marquis de Louvois fut un de ceux qui eurent le droit d'y pénétrer. Mais un jour ce droit lui étant refusé, ce ministre sans autre forme de procès en usa d'un autre dont un amant puissant pouvait alors se servir. Il fit enfermer la rebelle au couvent des filles Sainte-Marie, de la rue Saint-Antoine de Paris. Pendant ce temps, le marquis de Courcelles, sous les verroux par ordre du roi, réfléchissait sans doute à ses malheurs conjugaux, et peut-être aussi aux causes de son incarcération : un duel avec Cavoye, duelliste bien connu.

La marquise de Courcelles recouvrit sa liberté avant que son mari pût obtenir la sienne, sans doute par d'amoureuses et dévouées protections. Le marquis de Courcelles, détenu de 1667 à 1669, sortit de sa prison de fort mauvaise humeur. Il crut, et la chose paraît certaine, que sa femme abusait de la liberté qu'elle avait recouvrée. Voulant mettre un terme « à cette gaîté » il envoya Sidonia dans son château de Courcelles, au Maine, sous la surveillance de sa belle-mère, Marie de Neufville, sœur du maréchal de Villeroy, qui n'ignorait pas les galanteries de sa belle-fille, surtout avec Louvois. Car, si l'on en croit certains mémoires, elle ne serait pas restée étrangère à cette liaison.

Les rapports entre les deux marquises furent des plus mauvais. Sidonia voulut fuir. Averti à temps, le mari fit lever les ponts-levis du château et la garda ainsi pendant plusieurs mois. Mais il avait enfermé le loup avec la brebis. Une plainte en adultère fut portée au Parlement. Une séparation judiciaire fut prononcée. La vie de Sidonia fut composée de continuelles aventures interrompues par de nombreux procès. Enfin, le marquis de Courcelles mourut, et après avoir épousé un capitaine de dragons, sa femme décéda en 1685, âgée de 35 ans (1).

La révocation de l'Edit de Nantes, en 1685, ne passa pas inaperçue à Vendeuvre, ni dans les environs. Certains habitants professaient le culte réformé, et plusieurs ou abjurèrent ou quittèrent la contrée. Vendeuvre eut à déplorer un meurtre commis à la suite d'une dénonciation pour cause de religion. Sans autre explication, un individu en rencontre un autre près du prieuré de Saint-Georges, l'aborde en lui disant : « Te voilà b..... de vendeur de chrétien, » et à l'instant il lui asséna un coup du bout de son fusil, se recula, et déchargeant son arme sur lui, il l'étendit mort à ses pieds.

A la fin du xviiie siècle, la féodalité avait vécu. Les droits utiles, seuls, survivaient encore. Les anciens fiefs dont les possesseurs avaient jadis l'honneur de marcher sous les bannières royales, comme faisant partie du ban et de l'arrière-ban, étaient passés entre les mains de roturiers. Ces derniers ne se prévalaient pas même de l'honneur qu'ils avaient de jouir de propriétés auxquelles avaient été attachés de tels privilèges.

En 1689, on voit Pierre Saget, hôtelier à Vendeuvre, taxé à 40 livres pour le fief de Durnay;

Gaspard Paris, à 30 livres pour celui de Marisis;

---

(1) Sidonia de Lenoncourt écrivit ses mémoires sous le titre de : *Mémoires de la marquise de Courcelles*. Une nouvelle édition vient d'en être publiée dans la bibliothèque Elzévirienne, avec une notice de M. Paul Pougin.

On peut encore consulter le bulletin du bibliophile publié par Techener, juin et juillet 1858. *Nouveau document relatif à la marquise de Courcelles*.

Louis Prieur, à 40 livres pour celui de Châtillon, situé au Bourgetet;

Pierre Picard, hôtelier, à 30 livres pour celui de Montsaujon;

Claude Pillard, à 40 livres pour celui des Hoirs-Dalichamp;

Petiot, cultivateur au Fort-Brochot, à 50 livres pour le fief du Petit-Arclais.

Cette taxe, établie sur de pauvres roturiers, n'était pas perçue sans difficulté, car tous les détenteurs de ces fiefs furent poursuivis pour en obtenir le paiement.

Mais si l'institution féodale du ban et de l'arrière-ban rendait le dernier soupir pour la remplacer, Louis XIV créa en 1689 la milice royale, et, si la première institution mourait de caducité, la seconde était dans l'enfance, le ban et l'arrière-ban était tombé sous les sarcasmes des troupes régulières, et la milice avait grand peur du feu.

Ainsi, en 1693, Vendeuvre fournit au Roi deux miliciens. Certes, c'était peu, et pourtant on eut peine à les trouver, et quand les miliciens furent désignés, l'un quitta le pays, et l'autre se cacha. Le premier ne put être retrouvé — pour le service du Roi — et l'autre mordit et frappa le sergent de recrutement. Celui-ci, pour être sûr de ne pas le perdre, le fît mettre pendant la nuit en lieu de sûreté. Certes, ce commencement de la mise à exécution de la loi sur le recrutement faisait peu présager ce que la milice devait être à la fin du xviiie siècle, quand les nouvelles recrues, en 1792, défendirent avec tant de valeur le territoire français dans les plaines de Champagne.

Les traitants, cette plaie des communautés d'habitants au xviie siècle, s'étaient aussi jetés sur Vendeuvre. Les habitants *traitaient* avec des individus pour la cueillette et la levée de la taille abonnée due au seigneur, et les frais d'adjudication et de cueillette s'ajoutaient ainsi au capital de la dette.

En 1693, les lois protectrices de l'agriculture étaient peu efficaces, et les années qui vont suivre furent calamiteuses pour les habitants des campagnes. A cette époque on comptait, dans la contrée du Der, sur Vendeuvre, plus de sept cents arpents de terre ci-devant en bois, et alors en friche. Les cultivateurs qui en jouissaient ne payant aucun droit au seigneur, celui-ci s'en remit en possession. Cet état de misère entraînait avec lui de nombreux délits ruraux et forestiers. Pendant l'année 1693, on coupa, en fraude, soixante-dix chênes et plusieurs arpents de

bois appartenant au seigneur (1). Ces déprédations furent l'objet
de difficultés entre M. de Mergrigny et les habitants de Vendeuvre. Il intervint entre eux une transaction homologuée au
Parlement de Paris, en 1693, qui fixa les droits au pâturage
dans les bois seigneuriaux, et ceux d'abreuvage dans les étangs.

Une humidité constante pendant plusieurs années rendit les
récoltes presque nulles. A cette époque il était défendu, sous
peine de mort, d'exporter les grains hors du royaume. Il était
même, sous des peines fort sévères, défendu de faire sortir les
grains de l'élection qui les avait produits.

Pendant l'hiver de 1693-1694, Vendeuvre avait pour garnison la compagnie du marquis de Pardaillan, seigneur de la
Motte-Gondrin, capitaine du régiment, commissaire-général.
Sous prétexte de faire leurs provisions et de veiller à l'exécution
des ordonnances, cinq de ses gascons — cette compagnie était
recrutée sur les bords de la Garonne — se dirigèrent vers Bar-
sur-Seine. Au-delà de Magnant, ils rencontrèrent cinq ou six
paysans se rendant à Bar-sur-Seine, conduisant de maigres ha-
ridelles chargées de sept petits sacs de seigle. Les uns allaient
au marché, d'autres au moulin. Rien ne fut plus tôt fait par les
cavaliers de s'emparer des bêtes, des gens et du grain, et de diriger le tout sur Vendeuvre. Mais il fallait traverser Thieffrain,
et nos gascons savaient qu'ils pouvaient y rencontrer un mauvais parti, car là se trouvait M. de Berle, ancien capitaine, qui,
comme il l'écrivait à M. de Pardaillan, « avoit du cœur au
» ventre, et étoit françois plus que personne ne le pouvoit être. »
Lui aussi avait à se plaindre des gascons en garnison à Vendeuvre, pour avoir arrêté ses gens. La troupe tourna le village.
Un seul cavalier s'y engagea, et ce que la troupe redoutait arriva.
Ce cavalier rencontra M. de Berle. Une explication s'ensuivit,
les habitants s'ameutèrent, et il y eut bientôt coups de pieds
et coups de poings suivis de coups de bâtons et de coups de
pistolets. Notre homme riposta à coups de sabre ; mais il ne
tarda pas à reconnaître que le plus sage parti à prendre était la
fuite, s'il voulait sauver sa vie. Aussi alla-t-il au plus vite re-
joindre ses compagnons et leur capture. On arriva devant le

---

(1) En 1706, dans le bois de Plémont, près de la Maison-des-Champs,
on coupa, en délit, de trente à trente-cinq arpents de bois taillis, et on scia
les réserves sur pied.

10

bailli de Vendeuvre, et l'on s'expliqua. Les cavaliers de M. de Gondrin prétendirent qu'ils avaient agi pour faire exécuter les ordonnances. Les paysans se défendirent de leur mieux, aussi recouvrirent-ils leur liberté. Mais le grain fut gardé, et la compagnie de M. Gondrin en profita. Ce fut en vain que les pauvres paysans en firent réclamer le prix par leur protecteur, M. de Berle.

Cette scène n'a pas besoin de commentaire. La misère était grande partout. L'agriculture n'avait plus la protection dont l'avait entourée Colbert, et les dispositions législatives promulguées dans ces circonstances difficiles n'avaient fait que resserrer le peu de blé que contenaient les greniers.

Dans les dernières années du xviie siècle, Louis XIV rendit plusieurs ordonnances concernant l'administration des biens et les intérêts des communautés d'habitants. Ces intérêts furent d'abord confiés à un syndic élu par la communauté des habitants. Ce syndic était le mandataire des habitants qui faisaient connaître leur volonté dans des assemblées générales convoquées de porte en porte, au son du tambour, même de la cloche, et, jusqu'en 1696, au prône de l'église paroissiale. C'est ainsi que l'on procéda pour réunir en assemblée générale les habitants de Vendeuvre, afin de répartir une taxe extraordinaire de 2,400 livres, assise sur les maisons du pays. A cette réunion assistait 122 habitants.

En 1694, on démolit une maison-masure établie sur *la porte dorée* élevée à l'entrée de Vendeuvre, du côté de Brienne. Cette porte avait servi autrefois à la défense du pays.

L'année suivante apparaît, à Vendeuvre, un fonctionnaire de nouvelle création. C'est un maire perpétuel, ayant titre d'officier royal, et chargé de veiller plutôt aux intérêts du roi qu'à ceux de la communauté. Il faut en convenir, il y eut souvent conflit entre le bailli et le procureur fiscal, officiers du seigneur d'une part, et le maire perpétuel d'autre part. M. Nicolas-Henri Jorrant fut le premier et il y a lieu de croire l'unique maire perpétuel de Vendeuvre.

L'année 1699 paraît avoir été une de ces années malheureuses pendant lesquelles les pluies perdent les récoltes, et rendent les chemins impraticables, si nous en croyons la requête adressée au maître des eaux et forêts du bailliage de Troyes, par un sieur Blampignon de Troyes, qui demande à être autorisé à faire flotter des bois de charpente dans la Barse, à partir de la Villeneuve, en raison de l'impossibilité où il est de faire venir des bois à Troyes par la voie de terre (1).

Mais avant d'aborder le xviiie siècle, il faut rappeler les établissements qui se fondèrent à Vendeuvre pendant la dernière moitié du xviie.

La poste aux chevaux fut créée, à Vendeuvre, en 1668. Le premier titulaire fut Bertrand Liger, dit Bélair, natif de Tours, alors employé dans les aides. Sa famille la conserva, on peut presque dire, jusqu'à sa suppression, si non de droit au moins de fait.

La distribution des lettres fut confiée, vers le même temps, à un sieur Saget, hôtelier de l'*Ecu*, qui chaque semaine se rendait à Bar-sur-Aube pour prendre les lettres et les distribuer à Vendeuvre. En 1696, un bureau de direction fut établi. Le premier directeur fut un sieur Nicolas Chevalier. Sa famille conserva cette direction pendant plus d'un siècle.

Le même Nicolas Chevalier occupait en même temps la charge de contrôleur des actes, répondant aux fonctions actuelles de receveur de l'enregistrement. Le premier contrôleur fut un sieur Boulard, qui exerçait en 1680 (2).

Enfin, en 1634, un incendie considérable détruisit les habitations de la rue Jean Bidaut. Cette place prit le nom de Maisons-Brûlées. Située au midi de la gare du chemin de fer, elle se couvre aujourd'hui de nouvelles constructions. Dans la nuit du 21 au 22 août 1687, un incendie consuma une partie de la rue des Perches. Les pertes furent estimées 56,384 livres. L'emplacement de l'incendie ne fut recouvert de constructions que depuis une vingtaine d'années.

---

(1) En 1690, en exécution d'une ordonnance de l'hôtel-de-ville de Paris (chap. 17, art. 7), il fut ordonné de laisser un chemin de quatre pieds de largeur sur les bords du Landion, pour les besoins du flottage. On exploitait alors les forêts de Bligny, pour l'approvisionnement de Paris. Il y avait un directeur de la forêt de Bligny.

(2) Chevalier, *Essai historique sur Vandœuvre en Champagne.*

CHAPITRE VII.

1700—1789.

En 1708, apparait à Vendeuvre un officier royal dont le besoin pour les habitants ne devait pas se faire impérieusement sentir : c'est *le lieutenant de Roi*, officier dont les gages annuels étaient de cent livres, c'est-à-dire, du montant de l'intérêt au denier vingt de la somme qu'il avait payée pour obtenir son brevet. Cet emploi fut occupé pendant un certain nombre d'années par M. Mathieu de Clérembault, ancien capitaine d'infanterie au régiment de Bussy. Comme celui de maire perpétuel, cet office conférait la noblesse au titulaire. Nous ne connaissons qu'un seul lieutenant de Roi à Vendeuvre.

Les documents sur l'instruction publique dans les communes rurales sont fort rares en général. Ils manquent pour Vendeuvre antérieurement au xviiie siècle. On ne peut croire que Vendeuvre ait été dépourvu d'une école jusqu'à cette époque. Mais ou les documents ont disparu, ou j'ai eu le malheur de ne pas les connaître, ou encore n'y a-t-il eu que des établissements libres, ne laissant aucune trace dans l'administration paroissiale. L'établissement d'une petite école pour les enfants pauvres donne la preuve implicite de l'existence antérieure d'une école fréquentée par les enfants des habitants aisés. C'est en 1708, par acte du 15 septembre, qu'une demoiselle Catherine Marquot fonda une petite école pour les enfants pauvres.

La communauté des habitants de Spoy entretenait depuis longtemps déjà un *recteur d'école*. L'usage, jusqu'en 1714, était de ne lui accorder que le casuel de l'église, mais à partir de cette date, chaque ménage de laboureur lui donna 6 sous, chaque ménage de vigneron, de manouvrier ou de femme veuve, 5 sous. Sa rétribution pour chaque *mortuel* (enterrement) de chef de ménage fut fixé à 10 sous, de chaque enfant à 5 sous, et pour les autres sonnés à trois cloches, aussi à 10 sous. Chaque ménage lui devait, chaque année, un *bouchon* de chanvre *de femelle*. Il recevait en outre, à titre de rétribution scolaire, de chaque enfant qui commençait à suivre l'école, 3 sous, et de ceux qui lisaient et écrivaient, 5 sous; moyennant ces rétributions, le recteur d'école devait assister le desservant dans ses fonctions curiales. Ce traité fut fait pour trois, six ou neuf années (1).

La funeste année de 1709 fit sentir ses rigueurs à Vendeuvre comme partout ailleurs. La famine y fut terrible, et les *émotions populaires* y furent fréquentes. Une lutte à main armée s'établit dans la maison d'un boulanger, celui-ci soutenu par le bailli, et ceux qui l'attaquaient presque encouragés par le maire perpétuel.

Pendant longtemps vécut au château de la Maison-des-Champs, vieux castel entouré de profonds fossés et situé sur les

______

(1) Vers la même époque, les habitants de Spoy font un traité avec le sonneur. Celui-ci s'oblige à sonner pendant les orages.

lisières d'un grand bois aujourd'hui disparu, Marie-Anne de Ravinel, mariée au marquis de Mareuil. Cette marquise y vécut d'abord séparée de son mari, puis elle y devint veuve.

Le mobilier de la marquise de Mareuil était celui d'une femme qui a fréquenté le monde élégant ; des toilettes brillantes et soyeuses, des bijoux riches et nombreux étaient déposés dans des coffres et dans des armoires ; de riches tentures ornaient ses appartements, et aux murs étaient suspendus des tableaux de prix. Quelle succession d'évènements avait décidé cette belle bourgeoise de Paris, ainsi qu'elle se qualifiait, à se réfugier dans ce village plus que modeste avec tout ce luxueux entourage ? Nul ne le sait aujourd'hui. Elle ne fut précédée dans cette retraite par aucun membre de sa famille. Elle morte, tout s'évanouit avec elle.

La marquise de Mareuil mourut en 1711. Elle laissa un héritier collatéral et des créanciers. L'héritier assista aux longues et ennuyeuses opérations qui suivent si souvent un décès. Les autres intéressés furent représentés par mandataires. Les officiers de justice appartenant au siège de Bar-sur-Aube ne couchaient que rarement au château. Le plus souvent ils n'y laissaient qu'un gardien et l'héritier.

C'était en février que ces opérations s'accomplissaient. Pendant les longues nuits d'hiver le vent soufflait avec force dans les grandes galeries du vieux château et dans la haute futaie du bois voisin. La pluie frappait sur les vitres ébranlées qui résonnaient sous des torrents d'eau. Chaque soir, après une causerie qui avait pour sujet ou les vertus bienfaisantes ou les jolis péchés de la défunte, l'héritier d'un côté, le gardien de l'autre, allaient se reposer.

Le gardien, qui n'était pas habitué à loger dans une aussi vaste demeure, ne quittait jamais son compagnon sans crainte, et cette crainte se changeait en frayeur, lorsque l'état du ciel faisait pressentir une nuit sombre et une atmosphère agitée. L'héritier était un esprit fort et avait de bonnes raisons pour ne pas redouter ces tempêtes extérieures.

Pendant une de ces nuits qui involontairement attristent l'âme, le vent grondait fort et la pluie tombait par torrent. Notre gardien, blotti dans son lit, crut entendre un bruit étrange ; dans la galerie résonnaient des pas lourds et mesurés. Ses oreilles étaient en même temps frappées de la lugubre et sinistre harmonie du frôlement de chaînes de fer sur les planchers, harmonie qui s'alliait avec celle de l'atmosphère en courroux. Était-ce la marquise qui avait quitté sa tombe pour revoir encore son ancienne demeure? Était-ce quelque ancien seigneur qui visitait son vieux logis? Enfin quel était l'auteur de ce bruit sinistre? Notre héros ne put s'en rendre compte. Un bruit de pierres qui s'entrechoquent lui faisait croire que la muraille s'écroulait. Glacé d'épouvante, il n'osait quitter son lit. Il attendit avec effroi et avec impatience l'arrivée du jour, flottant entre la crainte de l'apparition du fantôme dont il redoutait l'approche et l'espérance de voir poindre la lumière du jour.

Le jour venu, le gardien sortit de sa chambre, l'esprit plein des émotions d'une nuit sans sommeil et du bruit qui retentit encore à ses oreilles. Il examine les murailles, elles sont encore debout. Il cherche quelques trappes secrètes, il ne trouve pas la moindre fissure dans le plancher, pas un trapan n'est déplacé; il ne voit pas trace de feu, il ne sent pas l'odeur du soufre. Son compagnon est encore au lit, il va le trouver et le questionne. Celui-ci n'a rien vu, n'a rien entendu. Quel mystère! Est-ce une erreur de ses sens abusés? Il ne peut s'en rendre compte. Plusieurs nuits se succèdent et le même bruit frappe ses oreilles : quelle cause donner à ces faits étranges?... Nul ne la lui expliquait, et l'unique compagnon du gardien feignait d'en ignorer l'origine.

Les hommes noirs eux-mêmes ne pouvaient s'expliquer les visions de celui à qui ils avaient confié la garde du château.

Un jour l'héritier prévient les gens de loi qu'il est forcé de quitter le château. Il leur dit adieu et part.

La description mobilière n'en continua pas moins. On arriva bientôt à l'appartement de feu madame la marquise. Les scellés sur les portes sont reconnus intacts. Chaque coffre, chaque armoire est à sa place et porte l'empreinte du sceau de la justice. Les cloisons, les plafonds et les planchers sont bien entiers. Enfin on ouvre un coffre, il est vide; une armoire, vide encore; tous les meubles sont vides. L'étonnement fut grand, mais le vide n'était que trop réel.

L'un des officiers de justice, plus avisé que les autres — il avait souri au récit du gardien — expliqua l'énigme dont le mot n'était pas difficile à trouver après avoir découvert que le fond des meubles ne tenait plus; qu'un trou masqué par des meubles existait dans la muraille et donnait entrée dans l'appartement. Alors tout s'expliqua, le bruit des chaines, celui de la muraille qui s'écroule, le besoin qu'éprouvait l'héritier de quitter le château.

Certes, l'héritier regrettait du fond de son cœur son excellente parente la marquise de Mareuil, mais il regrettait non moins vivement sa bonne et luxueuse succession sur laquelle de sévères créanciers avaient eu la hardiesse de faire main basse : que regrettait-il le plus? Dieu et lui le savaient? Il n'y avait pas de temps à perdre pour se mettre en possession du plus clair de cette succession. Il profite des nuits sombres, il effraie le gardien et s'empare du plus clair et du meilleur de la succession. Le plan, une fois conçu, fut bientôt exécuté.

Nul, depuis son départ, n'entendit parler de l'héritier (1).

Dans le cours de xvi⁰ siècle, Antoinette d'Amboise avait aliéné partie de ses redevances sur la terre de Vendeuvre. Cette portion était vendue de nouveau, vers 1714, à M. Nicolas-Henri Jorrant, maire perpétuel de Vendeuvre, moyennant 4100 liv.; mais la communauté des habitants préférait M. de Mesgrigny à ce nouvel acquéreur. Aussi plus de deux cents habitants, dans une assemblée générale, prièrent-ils M. de Mesgrigny de racheter cette portion de taille abonnée qui comprenait les deux cinquièmes dans les trois quarts du tout.

M. de Mesgrigny agréa la proposition des habitants et exerça ainsi le droit de retrait féodal sur cette ancienne aliénation.

En 1720, la redevance originaire de trois muids de blé et de deux muids d'avoine, convertie, en février 1540, en une redevance d'un boisseau de grain, moitié froment, moitié avoine, fut de nouveau changée en une rente annuelle de 120 liv., as-

____

(1) **Authentique.** Ces faits sont consignés dans l'inventaire dressé après le décès de la marquise de Mareuil. (Arch. jud. du tribunal civil de Troyes, aujourd'hui réunies aux archives départementales.)

sise sur trois cents feux, huit cents fauchées de pré, six cents
journaux de vigne et deux mille arpents de terre, situés dans les
contrées du Der et de la Bécassière. Cette redevance ainsi modifiée sera maintenue jusqu'à la nuit du 4 août 1789, qui vit abo-
lir, pour jamais, les droits féodaux.

La persécution qui, en 1715, fut de nouveau dirigée dans
toute la France contre les protestants, eut quelque écho dans
nos contrées. Une famille Chevalier, de Spoy, avait quitté la
France et s'était réfugiée en Suisse. Elle avait conservé des relations avec quelques compatriotes. Un sieur Prieur, convaincu
d'être en correspondance avec cette famille, fut condamné par
le bailliage de Troyes à faire amende honorable au haut du grand
perron du Palais-Royal de Troyes, et cette sentence fut exé-
cutée.

Beurey était aux environs de Vendeuvre la seule *ville* vrai-
ment close. Ses trois portes et ses murailles étaient encore debout.
En 1717, la communauté d'habitants, en assemblée générale,
décide que les portes seront remises en bon état aux frais de la
communauté, et que ceux qui possèdent héritage touchant aux
murailles, les feront immédiatement réparer à leur frais. Cette
mesure fut en partie renouvelée en 1754. Les murailles sont arrivées jusqu'à nous.

En 1720, la peste ravagea Vendeuvre et ses environs. On
compta à Vendeuvre plus de trois cents malades du 1er octobre
1720 au 5 septembre 1721. Il mourut quatre-vingts personnes,
sans compter un grand nombre d'enfants (1).

Les droits de banalité se percevaient encore, en 1722, avec
une grande rigueur. Un habitant de Vendeuvre, un sieur Verpy,
fut poursuivi par le procureur fiscal pour avoir fait cuire, chez
lui, cinq petits pains.

Un incendie se déclara à Vendeuvre en 1729, dans l'après
midi du 5 septembre. Il consuma au moins quarante maisons
de la rue Percée, de la rue Saint-Pierre et de la rue Boulenier.
Les dommages furent considérables. M. de Mesgrigny qui, par
lui-même, fit de nombreux actes de bienfaisance, obtint du roi
25,000 liv. Madame la Dauphine contribua aussi à la recons-

---

(1) Chevalier.

truction des bâtiments incendiés. En reconnaissance de ce bienfait, l'une des rues incendiées reçut le nom de rue Dauphine.

Comme le vent soufflait toujours en faveur de la création des offices au profit de la caisse royale bien plus qu'au profit des titulaires, Vendeuvre eut un changeur, officier royal. Ce fut un sieur Labille, marchand à Vendeuvre, qui leva cette charge. Il fut reçu par la cour des Monnaies de Paris, et prêta serment entre les mains des juges et gardes de l'hôtel des Monnaies de Troyes.

En 1732, le Conseil du commerce de France demanda aux intendants des provinces un rapport sur l'état commercial et agricole de chaque généralité. Les observations générales consignées par M. Le Pelletier de Beaupré, intendant de Champagne, indique une situation agricole peu satisfaisante pour la province qu'il administre. Ainsi il compte 9,500 arpents de terre complètement incultes, et plus de 80,000 qui ne sont en rapport que tout les cinq ou six ans.

Dans l'Election de Bar-sur-Aube (Vendeuvre et les villages voisins faisaient partie de cette élection), les terres labourables ne produisent et ne peuvent produire que du méteil, du seigle, des menus grains et très-peu de froment. Aussi la récolte est-elle insuffisante pour nourrir les habitants qui, pour la plupart, sont vignerons ou simples journaliers.

Il y a un quart des paroisses de l'Election, laquelle en compte 184, qui ne recueillent du grain que pour la subsistance de deux ou trois mois. Il serait à souhaiter, dit l'intendant, qu'il eût été planté moins de vignes dans ces cantons. Depuis trente ans, elles occupent au moins la moitié des terres du finage (1).

Le défaut de culture vient de la pauvreté des laboureurs qui ne sont point en état d'acheter et de nourrir des chevaux et des

---

(1) Un arrêt du conseil, rendu en 1729, défendit de planter des vignes. Un autre arrêt du 5 juin 1731 renouvela cette défense, et ordonna de plus que celles qui, depuis deux ans, n'avaient pas été cultivées, ne seraient pas rétablies sans la permission du Roi.

Après 1760, M. Pavée, seigneur de Vendeuvre, demanda à l'intendant l'autorisation de planter trente arpents de vignes dans la contrée de la Motte. Il y a lieu de croire que cette autorisation ne fut pas accordée.

bestiaux, ce qui les empêche de donner à leurs terres les fumiers et les labours nécessaires.

« Si les besoins de l'Etat le permettaient, » dit l'intendant, « nous n'hésiterions pas de proposer, pour cette Election, une » diminution considérable d'impositions afin d'encourager les » habitants à remonter leurs fermes.

» Il serait aussi bien avantageux de faire arracher toutes les » vignes plantées dans les terres à froment. Il est certain que les » habitants tireraient un plus grand profit de la culture de ces » terres que de celle des vignes dont les droits et les façons les » ruinent (1). »

L'Election de Bar-sur-Aube est considérée comme l'une des moins productives de la province.

Les haras ne réussissent pas en Champagne, en raison de la faiblesse des juments et de la rareté des prairies.

En 1725, le Roi fit établir des pépinières dans toutes les provinces pour servir à la plantation des grandes routes. Les intendants furent autorisés à en distribuer gratuitement les produits aux particuliers. Troyes posséda deux de ces pépinières.

Les routes furent faites par corvées (2). Elles coûtèrent fort cher à la province. Les routes, anciennement impraticables de Méry à Troyes et de Troyes à Langres, par Bar-sur-Aube et

---

(1) Ce rapport constate que, depuis 27 ou 28 ans, il existe dans la paroisse de Bayel une cristallerie. Cette fabrique occupait huit ouvriers. Elle consommait les produits de 60 à 80 arpents de bois par an. Les cristaux étaient d'assez bonne qualité ; ils se vendaient à Paris, à Rouen et à la foire de Beaucaire.

Il n'y avait pas encore de verreries dans l'Election de Bar-sur-Aube. La verrerie de Bligny existait en 1771. Elle était exploitée par M. Valory. Celle de Spoy, aujourd'hui supprimée, avait une origine plus récente.

(2) La traversée de Vendeuvre daterait de 1715. Les divers ponts de la Barse sont de construction plus moderne. Ils furent construits de 1755 à 1770. La rivière fut alors redressée en plusieurs endroits en amont et en aval des ponts. En 1759, la route de Vendeuvre à Bar-sur-Aube passait encore à Spoy, et le pont d'Aube était encore à la charge de l'Etat et de certaines paroisses.

Chaumont, sont presque à leur point de perfection (1734). L'intendant propose de les mettre à l'entretien (1).

Nous laissons au lecteur la peine de comparer l'état de la culture en 1733 avec celui de 1860.

En 1734 la population de Vendeuvre se divisait ainsi :

10 officiers de justice.

7 personnes vivant bourgeoisement.

4 chirurgiens, médecins et apothicaires.

102 manouvriers.

24 laboureurs avec charrue entière, tous fermiers.

7 laboureurs de demi-charrue cultivant sur eux-mêmes.

16 marchands.

12 tixiers (tisserands).

3 vignerons. (Ce petit nombre s'explique par celui si considérable des incendiés.)

93 personnes de professions diverses (charrons, maréchaux, etc.)

65 veuves.

57 incendiés.

2 ecclésiastiques.

4 anciens militaires.

1 maître de la grande poste.

1 directeur de la poste aux lettres.

Dans cette même année on comptait 383 chefs de famille ou feux soumis à la taille royale (2), lesquels étaient ainsi taxés :

---

(1) Dans ce rapport on trouve le détail suivant sur la fabrication des tuiles :

« Une tuilerie occupe un homme et cinq femmes par jour. Les matières » premières sont les terres glaises, le bois et la pierre de roche ou les » graviers.

» Pour un mille de marchandise il faut trois tonneaux de terre, une » demi-corde de bois et une demi-voiture de pierres.

» Le millier de tuiles coûte, pris sur les lieux, de 7 livres 12 sous à 7 liv. 15 sous.

» Chaque four cuit huit fois par an et fait par fournée 17 milliers de » tuiles et deux pièces de chaux qui se vend, le muid, 3 liv. 7 sous. Ainsi » chaque tuilerie fait pour environ 1350 liv. de marchandises. »

(2) La population avait diminué depuis 1659, on comptait alors 459 feux.

Ce mouvement décroissant est général dans la contrée.

24 à un denier, payés par les invalides.
57 à 5 sous, payés par les incendiés.

52	taxes de	1 liv.	15	taxes de	20 à 25 liv.
24	—	2	18	—	25 à 30
50	—	3 à 5	5	—	30 à 35
87	—	5 à 10	4	—	35 à 40
40	—	10 à 20	3	—	40 à 45
			1	—	50

Les exempts étaient le seigneur, deux ecclésiastiques, le maître de la grande poste aux lettres et quatre anciens militaires.

Plus on avance dans le xviii⁰ siècle et plus on sent que les populations rurales supportent avec impatience le poids des redevances féodales. Si l'on ne peut s'en prendre aux redevances elles-mêmes, on s'attaque aux titres, on redoute la fraude. Aussi fallut-il un arrêt du Parlement pour régler le mode de conservation des titres qui fixaient les droits du seigneur. Cet arrêt, du 27 mars 1736, ordonne que les archives des notaires, tabellions et greffiers du bailliage de Vendeuvre seront déposées dans la chapelle du château et renfermées dans un coffre fermant à trois clefs ; l'une devait être déposée entre les mains du bailli, la deuxième entre celles du procureur fiscal, et la troisième entre les mains du greffier. Cet arrêt ordonnait en outre qu'à la mort, démission ou expiration du bail des offices, il serait fait inventaire des minutes.

Les 30 et 31 juillet 1737, il tomba à Vendeuvre une grande quantité de grêle et de pluie ; les récoltes furent à peu près complètement perdues (1).

Le 21 mars 1739, 71 maisons, avec granges et écuries, furent brûlées à Villy-en-Trodes ; le dommage est estimé 17,113 liv. Qu'était-ce donc que ces 71 maisons !

Dans la période de 1740 à 1749 inclus, il y eut 683 enfants

---

(1) Dans le procès-verbal dressé par l'autorité pour obtenir la remise des impôts, on estime que l'arpent de terre de la contrée de Forêt devait produire 16 boisseaux de blé, mesure de Vendeuvre, *parce que les terres sont les meilleures du pays,* et 12 boisseaux d'avoine. La contrée de la Bécassière est estimée à 10 boisseaux d'avoine par arpent. Ces chiffres sont éloquents, si on les compare à ceux d'aujourd'hui.

inscrits sur les registres de baptêmes de la paroisse de Vendeuvre.

136 mariages.

818 décès.

Les décès se divisent ainsi :

195 indiv.	de	1 jour à 1 mois.	56 indiv.	de	30 à 40 ans
58	—	1 — 6	49	—	40 à 50
40	—	6 mois à 1 an.	38	—	50 à 60
89	—	1 an à 3 ans.	43	—	60 à 70
64	—	3 ans à 7	59	—	70 à 80
41	—	7 — 15	28	—	80 à 90
14	—	15 — 20	1 au-dessus de 90.		
43	—	20 — 30			

De ces nombres il résulte que, dans le premier mois de la naissance, il mourut près du quart des enfants, et dans l'année, près des 3/8es ; qu'à 7 ans il en a disparu 43,6 sur 68, soit les 2/3, et à 21 ans, il ne reste plus que 18 enfants sur 68, soit seulement 2/7es.

Cette période de 1740 à 1749 n'a vu aucune épidémie, si l'on en excepte l'année 1748, pendant laquelle les personnes âgées de 30 à 60 ans auraient été frappées plus que celles de tout autre âge.

Le nombre de mariages donne une moyenne de 13,6 par année (1).

---

(1) Voici les chiffres de la période de 1840 à 1849 :

    482 naissances.

    164 mariages.

    460 décès.

Ce dernier chiffre se divise ainsi :

66 indiv.	de	1 jour à 1 mois.	21 indiv.	de	30 ans à 40 ans.
28	—	de 1 mois à 6 mois.	22	—	de 40 à 50
19	—	de 6 mois à 1 an.	43	—	de 50 à 60
28	—	de 1 an à 3 ans.	46	—	de 60 à 70
10	—	de 3 ans à 7 ans.	58	—	de 70 à 80
10	—	de 7 à 15	16	—	de 80 à 90
16	—	de 15 à 20	1	—	au-dessus de 90
16	—	de 20 à 30			

La moyenne des naissances est de 48,2

Ces nombres établissent qu'il n'est pas mort 1/6 des enfants dans le premier mois ; dans la première année, 11,3 sur 48 ; 15,1 jusqu'à 7 ans,

En 1740 fut établi, à Vendeuvre, un bureau de messageries et de diligences.

Un bureau de charité pour le soulagement des pauvres fut créé à Vendeuvre, en 1742, sous le patronage de Saint-Vincent-de-Paule. A ce bureau étaient adjointes des dames de charité. Ce fut l'origine du bureau de bienfaisance qui existe et fonctionne encore aujourd'hui sous la direction de la municipalité.

Le 28 juin 1745, le lieutenant-général au bailliage de Troyes fixa la contenance du boisseau de Vendeuvre à l'occasion d'une difficulté survenue lors de la perception de la taille abonnée. La contenance de ce boisseau fut fixée à 18 pintes, mesure de Troyes, un potot et un quart de potot, *en son râcle;* et *en son comble,* à 22 pintes, un potot et un quart de potot. L'ancien septier de Vendeuvre était évalué à deux boisseaux et demi moins trois quarts de picotin, plus fort que celui de Troyes. La contenance du boisseau de Troyes, déterminée par sentence du bailliage de 1728, était de 16 pintes dans son râcle, et de 20 pintes dans son comble. Ce boisseau de Vendeuvre servait à la perception de la redevance seigneuriale, dite taille abonnée.

Le boisseau de Vendeuvre avait déjà été l'objet de réglements judiciaires, le 23 mars 1656, 16 février 1658 et 1er juin 1680.

Les 6 janvier et 9 mars 1754, le boisseau de Vendeuvre, à l'usage de tous, fut fixé, par le bailli de Vendeuvre, à 21 pintes et chopine, mesures de Vendeuvre. On en augmenta la contenance en faisant entrer le comble de l'ancien dans le nouveau, et l'usage devait s'en faire *à fer défends-toi.* Les mesures matrices d'un boisseau, d'un demi-boisseau et d'un pi-

---

17,7 jusqu'à 20 ans. Il en arrive donc à l'âge de nubilité 30 sur 48, soit les 3/5.

Les décès sont inférieurs en nombre aux naissances, tandis que le contraire est établi par les chiffres de la période de 1740 à 1750.

Malgré le nombre de naissances plus considérable au XVIII⁰ siècle qu'au XIX⁰, la population, c'est-à-dire, les chefs de famille étaient moins nombreux alors qu'aujourd'hui. En 1731 on compte 383 feux multipliés par 4 = 1532, ou par 5 = 1915. Le recensement de 1847 donne 1946 habitants.

Le nombre des mariages n'est que de 136 de 1740 à 1750; il est de 164 de 1840 à 1850. Moyenne pour la première période, de 13,6 par an; pour la seconde, de 16,4.

cotin, furent déposées au siège du bailliage de Vendeuvre (1).

Les redevances seigneuriales dues par les habitants d'Amance au prieur de Vendeuvre furent de nouveau converties en 1745. Elles furent fixées, pour les laboureurs, à un boisseau de froment et à un boisseau d'avoine, et un sou en argent, et pour chaque *bête tirante ou poussante,* à dix sous ; pour les manouvriers, à un boisssau d'avoine et un sou. Le droit appliqué à la personne prit nom de *droit de feu.*

Pendant le xviiie siècle, Vendeuvre est considéré comme vignoble. On lève un droit de gourmettage, qui est adjugé chaque année à un fermier. Il se compose d'un droit de cinq sous, puis de sept sous par pièce de vin, de cidre ou d'eau-de-vie, payable par l'acheteur au profit de la communauté. Ce droit était exclusif de celui de barrage et de reliage levé par les gourmets sur les liquides dont ils procuraient la vente, et à la charge de ne rien exiger ni recevoir des habitants chez lesquels ils devaient conduire les marchands, sans aucune préférence ni distinction.

Bien que Vendeuvre paie l'imposition dite de l'ustensile de guerre, il n'en a pas moins garnison en 1748.

En cette même année il y eut une épidémie qui enleva environ 50 personnes de plus que la mortalité ordinaire. Il y eut en même temps une épizootie qui atteignit la généralité des bestiaux. Ce dernier fléau frappa le pays deux fois de suite. Par mesure de police, on interdit l'usage des cuirs et des peaux provenant des animaux frappés de la contagion.

Depuis longtemps déjà les offices royaux de maire perpétuel et de lieutenant de Roi avaient disparu, lorsqu'en 1749 on trouve deux syndics élus par les habitants, l'un pour des affaires du Roi et l'autre pour celles de la communauté. Les deux syndics sont chargés des comptes communs. Avant de les soumettre

---

(1) Lors de la conversion des mesures anciennes en mesures décimales,

La pinte de Troyes contenait.	1 litre	164 mill.
Le boisseau de Vendeuvre.	31	960
La pinte de Vendeuvre.	1	370
La chopine ou demi-pinte	0	685
Le potot, ou quart de pinte	0	291
Le picotin, ou le huitième du boisseau . .	5	995

Le boisseau, dont la contenance est fixée en 1754, ne donnait que 29 litres 705 millilitres.

au subdélégué de Bar-sur-Aube, ils devaient en poursuivre l'approbation par les habitants; leurs fonctions étaient gratuites à cette époque comme antérieurement. Dix ans plus tard on institua un syndic qui prit le nom de syndic militaire. Il était spécialement chargé du service des étapes et de surveiller, dans l'intérêt du Roi, le passage des troupes.

En la même année, 1749, les habitants de Vendeuvre eurent un procès avec ceux d'Amance. Il s'agissait de faire décider si la forêt du Temple était ou non sur le territoire de ce village ou sur celui de Vendeuvre. Vendeuvre perdit son procès.

En 1752 les habitants de Vendeuvre rachetèrent d'un sieur Verpy un dixième de la taille abonnée, aliéné au XVIe siècle, avec deux cinquièmes du droit de terrage sur la contrée de la Bécassière. Ce rachat eut lieu moyennant 2,500 liv., en y comprenant les arrérages. Le paiement de cette redevance se faisait difficilement, soit à cause de la résistance des habitants, soit en raison de la négligence apportée dans la culture des terres. Le cessionnaire prétend qu'il y a des arrérages dus depuis 1702. Par suite de ce rachat les habitants, devenus seigneurs sur eux-mêmes, choisirent parmi eux *un homme vivant et mourant,* pour rendre foi et hommage au Roi de cette partie de seigneurie au nom de la communauté. Celle-ci ne mourant point, le Roi eut perdu ses droits, mais on parait à cette perte en usant de ce moyen, c'est-à-dire en désignant un d'entre eux pour rendre hommage au suzerain.

En 1756 on mit en pratique une nouvelle méthode pour la répartition de la taille abonnée. Chaque maison, ménage ou feu, paya un demi-boisseau de froment; chaque fauchée de pré en pleine prairie ou enclos, la même quantité de froment; chaque fauchée, située en dehors de la prairie, un picotin, ainsi que chaque journal de vigne; chaque dix arpents de terre ou bois broussailles, un picotin, les deux tiers en avoine.

Le rôle contenait 484 imposés. On appliquait la transaction de 1720, passée entre les habitants de Vendeuvre et M. de Mesgrigny.

Les répartiteurs furent Denis Didier, syndic des habitants; Vanier, *marchand;* Nicolas Léger, *bourgeois;* François Dumey, *laboureur,* et Edme Champagne, *vigneron.* Quelques années après, on compte six répartiteurs, trois *des plus suffisants* et trois *du commun* (1).

A l'occasion des redevances dues au seigneur par les habitants, il y eut pendant plusieurs années des débats assez vifs entre ces derniers et M. Pavée, seigneur des Maretz et de Vendeuvre, continués par son fils, M. de Provenchères. Le seigneur maintenait ses droits résultant des titres d'acquisition, droits que les habitants n'acquittaient que sous le coup de la contrainte. Les débats furent assez vifs pour que les habitants fussent condamnés à faire acte de réparation d'honneur envers leur nouveau seigneur. Les débats judiciaires continuèrent. Les incidents, comme les résultats, n'ont plus aujourd'hui d'intérêts, sinon qu'un inventaire général de tous les titres déposés en la chapelle du château fut fait contradictoirement entre les officiers de justice du seigneur et M. Bruslard, garde des archives de M. le prince de Conti, choisi à cet effet par les habitants (2).

Une transaction fut arrêtée les 3 et 10 mai 1771. Elle est relative aux droits de terrage et au dixième de la taille abonnée sur lesquels M. de Provenchères exerça le droit de retrait féodal.

Une sentence arbitrale porte la date du dix décembre 1779. Elle prononce sur sept chefs dont l'objet d'aucun d'entre eux n'a survécu à la suppression des droits féodaux.

Ces procès semblaient naître plutôt des idées qui dominaient alors que des mauvais rapports existant entre les parties, qui conservaient entre elles de bonnes relations. Aussi lit-on, dans les documents des procès, « qu'il n'y a aucun des habitants qui » ne rende justice à M. de Provenchères, sur son bon cœur et » la droiture de ses intentions. »

L'administration de la communauté se faisait par le syndic (car on ne trouve la trace de deux syndics que pendant un petit

---

(1) Dans les répartitions suivantes on assied la taille sur chaque habitant. Elle se divise en sous, deniers, obole, pite et semi-pite.

L'obole valait la moitié du denier tournois, et la pite en valait le quart.

(2) Je possède une copie de cet acte. L'original est aujourd'hui englouti dans les anciennes archives judiciaires non classées, qui, de déménagement en déménagement, sont en ce moment déposées dans les dépendances de la Bibliothèque de la ville de Troyes. C'est de cette masse visitée par moi, en 1849 et 1850, que j'ai extrait une partie importante des faits contenus dans cette notice pour les deux derniers siècles.

nombre d'années), pouvoir exécutif, et les habitants réunis en assemblée générale pour approuver les comptes et donner leur avis sur les questions d'intérêt commun. Mais en 1775 et 1776, la communauté des habitants se divisa pour attaquer vivement l'administration syndicale des années précédentes, qui alors rendit ses comptes depuis 1750. C'est sans doute à la suite de ces difficultés que le subdélégué de Bar-sur-Aube proposa à l'intendant une mesure qui fut appliquée dans plusieurs paroisses de la délégation (1). Il proposa de former un conseil de notables divisés en quatre classes.

Dans ce conseil, la première classe, composée d'ecclésiastiques, de gentilshommes, d'officiers de justice et d'avocats, devait être représentée par deux membres ;

La deuxième, comprenant les bourgeois, notaires, procureurs, chirurgiens etmarch ands, par six membres ;

La troisième, composée des laboureurs, par deux membres ;

La quatrième, renfermant les artisans, les manouvriers et les vignerons, par quatre membres.

Cette proposition fut modifiée par l'intendant, qui composa le conseil des notables de trois classes seulement, composées chacune de six membres.

Malgré la formation de ce conseil, dont l'existence est constatée en 1778, les habitants se réunirent encore en assemblée générale. On y compte parfois jusqu'à deux cents assistants.

Dans le cours de l'année 1770, la maréchaussée, devenue depuis la gendarmerie, s'établit à Vendeuvre. Il y eut à l'origine un brigadier et deux cavaliers. La construction de la caserne fut commencée en 1775. Les dépenses de cette construction devaient être acquittées par les communautés d'habitants visitées par les archers, ce qui n'avait pas encore eu lieu en 1789.

Personne n'ignore l'habitude, condamnée aujourd'hui et pratiquée autrefois, de sonner les cloches pendant les orages. Dans beaucoup de lieux du diocèse, le prêtre récite la passion, chaque dimanche avant la messe, depuis le premier dimanche de mai jusqu'à la Toussaint. Voici un traité fait entre les habitants de Magny-Fouchard et leur curé. Si aujourd'hui les curés chantent encore la passion chaque dimanche, ce n'est pas en vertu d'un

---

(1) **Notamment à Bligny, à Proverville.**

traité écrit, mais par la consécration d'un usage auquel on s'est soumis chacun de son côté.

En 1771, le curé du Magny s'oblige à réciter la passion pendant les orages, *lorsqu'elles* commenceraient à vouloir entrer sur le finage, et tous les dimanches et fêtes avant la messe, depuis le 3 mai, jour de l'Invention de Sainte-Croix, jusqu'à l'entière récolte des vignes. Il était payé au curé 40 livres par an. Il était dispensé de se rendre à l'église, si l'orage éclatait pendant la nuit, ou de revenir au village lorsqu'il en était absent.

En août 1771, la communauté des habitants de Vendeuvre fit deux traités relatifs à l'instruction des enfants. L'un des deux établissements prit le titre de collège, et le second celui d'école. La communauté des habitants tenait la maison d'école de la libéralité du respectable abbé Camus, décédé curé de Vendeuvre en 1754.

Par le premier de ces traités, il fut arrêté, avec un sieur Guillaume, qui prenait la qualité de régent, les conditions suivantes :

Ce régent s'engageait à apprendre aux enfants le grec, le latin, la lecture et l'écriture. Il devait leur faire exécuter les déclamations, disputes et autres exercices littéraires pour leur instruction et leur donner une bonne éducation. Il était exempté de toutes les charges de la communauté et des corvées royales, et chaque enfant payait une rétribution mensuelle de trois livres. Le régent était tenu d'instruire gratuitement deux enfants pauvres désignés par les principaux habitants de Vendeuvre.

A quelques jours de là, la communauté recevait un sieur Bridon en qualité de maître d'école. Lui et son fils devaient tenir école de garçons et de filles, celles-ci au nombre de vingt seulement, et jusqu'à ce qu'un traité fût passé avec une maîtresse. Ce maître d'école devait assister le curé en tout ce qui concernait le culte, et recevoir les rétributions attachées à ces fonctions et aux fondations. Il devait tenir les classes huit heures par jour, donner congé pendant l'après-midi du jeudi, s'il n'y avait fête dans la semaine. Le catéchisme se faisait le mercredi et le samedi et tenait lieu de classe, et, autant que faire se pouvait, les enfants devaient se rendre chaque jour à la messe.

Ce maître d'école était exonéré de toutes les charges de la communauté. Chaque écolier lui payait :

Celui qui apprenait l'alphabet. . . . . . 5 sous.
Celui qui lisait le français et le latin. . 6 —
Celui qui apprenait l'écriture. . . . . . 8 —
Celui qui apprenait l'arithmétique. . . 40 —

Il recevait en outre trente livres, montant d'une fondation, et les droits dus pour la célébration des mariages et des enterrements. Ce dernier traité était fait conformément aux dispositions de l'édit de 1749, et avec l'approbation du seigneur.

Les filles qui suivaient cette école étaient désignées par le curé et les principaux habitants. Elles payaient la même rétribution que les garçons.

Ce ne fut qu'en 1774 que se fit un traité avec une maîtresse d'école. Celle-ci reçut six sous des filles qui commençaient l'alphabet, huit de celles qui commençaient à lire, et dix de celles qui écrivaient. Ici il n'est pas même question de calcul. Cette maîtresse d'école était aussi reconnue exempte de toutes les charges de la communauté.

Les habitants ne pouvaient être forcés d'envoyer leurs enfants à l'école avant cinq ans. Après cet âge, nulle autre personne ne pouvait les instruire que celles qui avaient traité avec la communauté.

En novembre 1774 commença une procédure qui eut, non pas au moment où elle s'accomplit, mais environ vingt-cinq ans après, un grand retentissement, car pendant les poursuites la population vendeuvroise ne s'était point trompée sur les causes de la plainte. Cet événement judiciaire fut une mine bonne et facile à exploiter à la veille du jour où l'on allait remettre au chef du pouvoir la nomination des évêques de France.

Une enquête diligentée, sur la plainte d'un domestique expulsé, encouragée par le sieur Guillaume, régent du collège de Vendeuvre, fut dirigée, par l'autorité ecclésiastique du diocèse de Langres et l'autorité judiciaire du bailliage de Troyes (1), contre M. Blampoix, curé doyen de Vendeuvre, et contre son frère, à l'occasion de faits relatifs à la moralité. Ces deux juri-

---

(1) **Vendeuvre dépendait alors du diocèse de Langres et du bailliage de Troyes.**

dictions rendirent isolément leur décision. Des deux parts, ces décisions furent dans le même sens : c'est à dire un double acquittement. La juridiction ecclésiastique rendit même deux sentences, l'une provisoire, renvoyant M. Blampoix à ses fonctions curiales, la seconde le déchargeant de toutes poursuites.

Non seulement les témoignages manquaient sur les faits de la plainte, mais, à cette occasion, le plus grand nombre des habitants de Vendeuvre et les plus notables, ayant à leur tête la personne la plus considérable du pays, je veux dire le seigneur, « souscrivent à l'apologie de leur curé comme vraie, » et ils constatent avec force sa parfaite honorabilité.

Le promoteur de ce scandale fut au contraire qualifié de la manière la plus déshonorante. Déjà condamné pour crime, Guillaume avait surpris la bonne foi des habitants de Vendeuvre qui l'avaient choisi comme régent de leur collège.

L'instruction dirigée contre M. Blampoix était à peine achevée qu'un arrêt du Parlement défendit à ce Guillaume l'exercice, à Vendeuvre et partout ailleurs, de ses fonctions de régent, et lui interdit l'instruction de la jeunesse. Il fut, peu après, l'objet de poursuites judiciaires pour vol et abus de confiance commis à Troyes et à Paris.

Un ecclésiastique continua les classes du collège de Vendeuvre, et quelques mois après un sieur Dardivilliers, professeur au collège des Minimes de Brienne, le remplaça définitivement (1).

---

(1) M. Blampoix, né à Mâcon, le 16 octobre 1740, avait pris les ordres dans la célèbre abbaye de Cluny. Après avoir professé au collège de Mâcon, il fut nommé à la cure de Longpré, par Dom Jean de Pont-de-Vaux, trésorier général de l'ordre et abbaye de Cluny, prieur de Saint-Georges de Vendeuvre, collateur de cette paroisse et autres dépendant du prieuré. Peu à près, son oncle lui confia le doyenné cure de Vendeuvre. L'instruction dirigée contre lui étant achevée, M. Blampoix conserva son doyenné jusqu'au jour où il fut appelé par la voie de l'élection à diriger le diocèse de Troyes, en remplacement de l'abbé Sébille, premier évêque constitutionnel de ce diocèse. M. Blampoix résigna ses fonctions à la suite du concordat. Il revint alors à Vendeuvre au milieu de ses anciens paroissiens, puis se retira dans sa ville natale. Il fut présenté à Pie VII lors de son passage à Mâcon. Le saint-père l'accueillit très-favorablement et l'entretint pendant longtemps, et, lui ayant tendu les bras, il l'embrassa (Biographie des contemporains).

M. Jean-Baptiste Blampoix mourut en 1820, à Mâcon.

Nous avons tenu et nous avons lu toute la procédure dirigée par le

En 1776, les habitants de la Villeneuve-au-Chêne virent, sous l'influence bienveillante de M. de Provenchères, modifier à leur avantage les redevances féodales qui pesaient sur eux. Ces redevances étaient plus onéreuses qu'aucune de celles qui frappaient encore les habitants des paroisses voisines, tant par le mode d'assiette que par leur élévation, eu égard au produit du sol.

Les transactions entre M. de Provenchères et les habitants de Vendeuvre et ceux de la Villeneuve conduisirent à la rédaction de papiers terriers. Cette opération importante se résuma en treize volumes in-folio aujourd'hui détruits.

En 1778, le feu consuma quarante maisons à Spoy.

En 1784, les habitants de Vendeuvre achetèrent deux pompes à incendie.

En 1786, l'administration classe le chemin de Vendeuvre à Bar-sur-Seine, et les plans en sont approuvés; l'exécution devait s'en faire attendre pendant environ 50 ans.

Si Louis XVI n'eût pas la force de dominer les évènements, sa bonté et sa justice se traduisaient par des mesures qu'il voulait rendre utiles au peuple. Il voulait que l'administration fût éclairée et que les charges fussent réparties avec équité. Les agents du pouvoir devaient être renseignés par les ressources locales, et les tableaux statistiques ne sont pas inventés de nos jours. C'est à des travaux de ce genre que nous devons la connaissance du bilan des dernières années de l'ancienne monarchie intéressant notre contrée. Ce bilan, en nous éclairant sur les faits de cette époque, nous permet de comparer le temps

---

lieutenant criminel au bailliage de Troyes, contre M. Blampoix. Ce que nous venons de rapporter n'est que le résultat de la connaissance que nous avons prise de ce volumineux dossier. Dans les nombreux écrits si pleins de passion, publiés contre l'abbé Blampoix, dans un temps de si grande licence politique, on a tronqué les dépositions, on les a colorées pour les besoins du moment, et on en a forcé les conséquences avec plus d'esprit que de raison et de justice. Aujourd'hui, que les dissensions politiques de la fin du siècle dernier ont cessé, on peut regretter que des personnes honorables de Troyes aient fait usage de pareilles armes pour attaquer, par de nombreux écrits, il est vrai, demeurés anonymes, un ennemi politique qui, après comme avant son épiscopat, demeura entouré d'estime et d'affection.

passé avec le temps présent ; mais nous laissons au lecteur le soin de poser aujourd'hui les termes de la comparaison.

Dans un tableau sur la récolte de 1787, on rappelle qu'une inondation de 1786 a fait perdre plus de 100,000 liv. au pays, suivant les procès-verbaux des commissaires envoyés par l'élection. On reçut 200 livres à titre de secours !

La récolte est estimée à la moitié d'une récolte ordinaire, ou 8 boisseaux de froment ou de seigle par journal, le boisseau de froment pesant de 45 à 48 livres, et 9 boisseaux d'avoine aussi par journal.

La récolte du journal de vigne est estimée à trois muids et demi, jauge gros bar.

Une charrue se compose de trente journaux par saison, ou 90 au total. Il faut cinq chevaux par charrue.

La récolte de 1788 a donné 350 gerbes par arpent, lesquelles ont donné 8 boisseaux pesant l'un 47 livres.

En 1789, l'arpent a produit 300 gerbes qui ont rendu 6 boisseaux de même poids qu'en 1788.

Les prés ont été sablés quatre années de suite.

La communauté des habitants de Vendeuvre payait annuellement, suivant la déclaration de 1788, au seigneur une taille abonnée de 546 boisseaux de froment, 384 d'avoine, ancienne mesure de Troyes, et 34 livres en argent. Elle devait en outre 120 livres pour le rachat et l'extinction de la totalité d'un droit de terrage sur la contrée de Der, et de deux cinquièmes sur celle de la Bécassière, plus sur cette dernière contrée un droit de terrage des trois autres cinquièmes d'un boisseau de froment et d'avoine par arpent, *porte ou non porte :* les contrées de Forêt et de l'Epoisse étaient chargées d'un sou de cens par arpent ; quelques censives portant lods et ventes dans la contrée de Vaugirard et sur plusieurs maisons du bourg.

La communauté était encore chargée envers le seigneur de la bannalité du four et des pressoirs ; celle des moulins avait disparu depuis longtemps.

La dime, en général, se payait au 24e tant au prieur de Vendeuvre, comme gros décimateur pour les grains, qu'au curé pour les vins, menues et vertes dimes. Sur le territoire de Vendeuvre, contrée du Val-aux-Moines, il y avait 40 arpents de terre chargés d'un sou de censives, d'un boisseau de froment et d'un boisseau d'avoine, ancienne mesure de Troyes, au profit du chapitre de Saint-Etienne de cette ville. Il existait quelques rentes foncières et censives portant lods et ventes, soit envers le prieur, soit envers le curé, soit envers le chapelain, en sorte que tout le finage est chargé.

Il y avait encore un four bannal envers le prieur.

Telles étaient les redevances seigneuriales à Vendeuvre au moment où elles furent abolies.

Quant aux biens et revenus ecclésiastiques, le prieur de Saint-Georges possédait 100 livres de rentes foncières sur plusieurs maisons;

44 fauchées de pré estimées à un revenu de 9 livres l'une;

La dime des grains valant 1450 livres.

Le curé jouissait de :

62 liv. 5 sous de rentes foncières;

19 journaux de terre à 1 liv. 5 sous de revenu l'un;

17 fauchées 2/3 de pré;

13 hommes de vigne.

Les menues et vertes dîmes et celles du vin;

La fabrique possédait 32 fauchées 1/3 de pré.

Le chapelain de l'hôpital et du château jouissait de :

55 journaux 1/3 de terre,

Et de 23 fauchées de pré.

La chapelle de Saint-Nicolas possédait :

36 journaux de terre,

Et 19 fauchées 46 cordes de pré.

La sacristie du prieuré de Saint-Georges (1), possédait 9 journaux de terre et neuf fauchées 2/3 de pré.

Cet office appartenait à l'abbaye de Montiéramey.

Les religieuses Ursulines de Bar-sur-Seine possédaient 30 journaux de terre sur le territoire de Vendeuvre.

Les religieux de Montiéramey, quatre hommes de vigne.

Enfin, comme on vient de le dire, le chapitre de Saint-Etienne

---

(1) Les fermiers du revenu du prieuré avaient charge de distribuer 50 liv. de bon pain chaque dimanche à l'heure de vêpres. Le Jeudi-Saint, à l'occasion de la cène et après la cérémonie, chacun des pauvres représentant les apôtres recevait un pain blanc de trois livres, un hareng, un sou et un verre de vin. Le même jour, tous les pauvres des paroisses (il y en avait 13) sur lesquelles le prieur levait la dîme avaient le droit de prendre part aux distributions de pain qui se faisaient au prieuré.

de Troyes jouissait de 40 boisseaux de froment et de même quantité d'avoine, et 40 sous de rente annuelle assise sur différents immeubles situés au Val-aux-Moines.

Les revenus du prieur et ceux du curé étaient estimés au total chacun à environ 5,000 livres de revenus annuels, et en 1775, les revenus de la chapelle Saint-Nicolas sont affermés 500 livres.

Pour l'année 1790, le revenu territorial de Vendeuvre, pour l'assiette de l'impôt, est estimé 40,319 liv.

L'imposition principale est de	3,640 l.
A laquelle il faut ajouter les 6 deniers pour livre	90 l. 5 s.
Sommes perçues pour causes diverses . . .	2,909 l.
4 deniers pour livre	48 l. 9 s. 8 d.
Capitation	2,785 l.
4 deniers pour livre	46 l. 8 s. 4 d.
Droit de quittance	2 l.
Total.	9,494 l. 3 s.

A cette somme de	9,494 l. 3 s.
Il faut ajouter, les corvées. . . .	1,583 l.
Et les 6 deniers pour livre	39 l. 11 s. 6 d.
Au total.	11,413 l. 14 s. 6 d.

625 contribuables étaient inscrits au rôle.

Il n'entre pas dans le cadre de cette notice de rappeler ici les faits précurseurs de la Révolution, seulement il faut dire que ces faits se traduisaient partout, dans les hautes régions sociales, dans les hommes de théorie comme chez les hommes pratiques, à la ville comme à la campagne. Si jadis les redevances seigneuriales étaient dues comme une atténuation de la servitude, on ne voyait plus que le fait alors actuel, le paiement de redevances qui n'avaient aucune compensation. Un nouvel ordre de choses demandait à s'établir pour anéantir celui qui existait. Louis XVI avait fait des concessions. Elles étaient jugées insuffisantes. Les rapports des citoyens entre eux n'étaient plus ce qu'ils étaient autrefois, et l'administration elle-même avait besoin de se modifier. Le corps judiciaire est certainement le plus stable, celui qui est le plus à l'abri des changements dans l'État. Mais son organisation était telle qu'un impérieux besoin nécessitait de sérieuses modifications. On changea les attributions et les circonscriptions des bailliages et des présidiaux, et la constitution projetée n'aurait été sous un autre nom que ce qui devint définitif après la Révolution. Une ordonnance du 13 juillet 1788, modifiant dans son essence l'ancien ordre judiciaire, créait de grands bailliages et des présidiaux, les derniers ressortissant des premiers en appel.

Langres devenait le chef-lieu d'un grand bailliage auquel ressortissait le présidial de Bar-sur-Aube, succédant à la prévôté de cette ville. Ce nouveau présidial comprenait 137 villages, dont 112 relevaient auparavant du présidial de Chaumont, 24, de celui de Troyes, et un seul de celui de Sens (Vitry-le-Croisé). Parmi ceux qui relevaient antérieurement de la prévôté de Bar-sur-Aube, on comptait :

Fravaux, Jessaint, Juvanzé, la Villeneuve-au-Chêne que l'on nommait la Villeneuve-au-Roi, le Valsuzenay et Trannes.

Et parmi ceux qu'on enlevait au présidial de Troyes : Amance, Argançon, Bossancourt, Bligny, Beurey, le Magny-Fouchard, le Puits, la Ville-au-bois, Longpré, Meurville, Nuisement, Spoy, Vauchonvilliers, Vendeuvre.

Mais le temps pressait, l'attaque portée par le bailliage et siége présidial de Troyes contre cette ordonnance, et les grands évènements qui survinrent, en empêchèrent l'application. Cette ordonnance demeura donc lettre morte. Mais une année était à peine écoulée qu'une réforme radicale s'opérait sous l'influence des Etats généraux de 1789 et de la Constituante.

Les populations rurales avaient souffert du défaut de récoltes pendant plusieurs années, et provoquées à rédiger leurs plaintes à l'occasion des Etats généraux de 1789, elles ne manquèrent pas de le faire en termes énergiques. Elles y étaient fondées par suite de souffrances réelles. Invitées à formuler leurs demandes et leurs remontrances, elles le firent avec une connaissance fort remarquable des besoins de l'époque, si nous en jugeons par le cahier de la châtellenie de Vendeuvre.

La réunion des habitants de Vendeuvre, pour la rédaction du cahier qui devait être apporté à l'assemblée générale du bailliage de Troyes, se fit le 15 mars 1789, sous la présidence de M. Vanier, avocat en Parlement, bailli de Vendeuvre. L'assemblée comprit tous les habitants âgés de 25 ans, inscrits au rôle des contributions. Le cahier se divise en deux parties : la première comprend les plaintes et doléances; la seconde, les demandes et remontrances.

Dans la première partie, l'état général du pays est décrit en termes qui attestent de grandes souffrances.

Après avoir énoncé qu'en dehors des redevances seigneuriales et des dîmes et rentes foncières dues aux ecclésiastiques, la communauté des habitants paie, en impositions royales et octrois municipaux, la somme de 18,000 liv.; elle déclare que Vendeuvre ne possède ni commerce, ni manufacture, ni arts, ni métiers proprement dits, et qu'elle n'a aucun revenu commun;

Que les meilleurs biens sont entre les mains du seigneur et des ecclésiastiques, qui ne paient aucun impôt;

Que la moitié des terres est en friche, que la production suffit à peine aux besoins du pays, que beaucoup de fermes sont démolies, parce que les laboureurs manquent pour les cultiver;

Que le vin, en raison de sa qualité, ne peut, pour la vente, supporter la concurrence avec les vignobles voisins;

Que la prairie est sans valeur par suite des inondations causées par la rivière, dont l'entretien est une charge trop onéreuse pour le pays;

Que le pays se dépeuple depuis plusieurs années; que trente ou quarante maisons et des plus fortes sont vides, sans que l'on puisse trouver de locataires ni d'acquéreurs.

On lit ensuite dans ce cahier, sous le titre de demandes et remontrances.

La *commune* de Vendeuvre demande qu'à l'assemblée nationale les députés du Tiers-Etat soient en nombre au moins égal aux deux premiers ordres réunis;

Que les trois ordres délibèrent réunis, et que les suffrages y soient comptés par tête;

Que la forme de paraître à l'assemblée, d'y délibérer et de faire ses représentations au Roi, soit la même pour les trois ordres;

Que le retour périodique de l'assemblée nationale soit fixé à cinq ans;

Qu'un ordre invariable dans les départements des finances, de la guerre, de la marine et de la maison du Roi, soit établi;

Qu'il soit, dans chaque province, établi des états particuliers pour surveiller l'exécution des décrets nationaux;

Qu'un code civil, criminel et commercial soit rédigé.

Que la totalité des dîmes reçoive sa destination primitive, en servant à la subsistance du pasteur, aux aumônes et aux réparations et décorations des églises;

Que les revenus d'un certain nombre de bénéfices simples soient dorénavant affectés à l'établissement des collèges, petites écoles et autres œuvres pies;

Que les lettres de cachet soient complètement abolies;

On demande l'abolition des arrêts de surséance, et la punition exemplaire des banqueroutiers et des accapareurs de grains;

L'abolition absolue de la main-morte et de toute imposition féodale, et que la libération s'en fasse au fur et à mesure que les habitants deviendront en puissance de la faire;

Le rachat des droits censuels et féodaux, suivant le taux qui sera déterminé dans chaque province, par les Etats particuliers, eu égard aux localités;

L'admission des citoyens du Tiers-Etat dans les cours souveraines, aux emplois dans les armées de terre et de mer, et aux dignités du clergé;

Qu'il ne soit accordé aucun subside pour un temps illimité, mais seulement pour l'intervalle d'une assemblée à l'autre;

La suppression des droits d'aides, de ceux des gabelles;

La réforme des droits de contrôle;

Le soulagement des habitants des campagnes, qui supportent presque seuls le fardeau des impôts;

Que l'agriculture soit protégée et encouragée;

Qu'aucun officier de justice ne puisse cumuler plusieurs offices;

L'interdiction aux officiers de police de faire le commerce;

La suppression de la milice, ou au moins le transport sur les lieux des commissaires pour le tirage et la suppression de la faveur accordée aux domestiques des nobles et du clergé;

La division des corvées par paroisse et la contribution du clergé et de la noblesse à cette charge;

On demande que le produit de tous les impôts passe directement et sans frais au trésor royal;

Que la répartition des impositions royales ne dépende pas de la volonté impérieuse d'un seul commissaire, mais que cette répartition se fasse publiquement et en présence de tous les cotisés;

La suppression des archers de garnison, qui sont l'opprobre du genre humain et le fléau des pauvres.

13

La reddition des comptes des communautés devant les membres qui les composent, et sans rétribution ;

L'établissement d'ateliers de charité pour travailler aux chemins, soulager les pauvres et prévenir la mendicité ;

Le secret inviolable des lettres confiées aux bureaux des postes ;

La suppression ou au moins la modération des droits d'entrée dans les villes : droits préjudiciables au commerce et onéreux aux habitants de la campagne ;

L'établissement de conciliateurs de procès, auprès desquels il y aura nécessité de se rendre avant de se pourvoir en justice ;

La suppression de la maréchaussée et son remplacement par des troupes légères distribuées dans les différentes casernes du royaume, ce qui rendrait les militaires les défenseurs de la patrie en temps de paix comme en temps de guerre.

Tel est le cahier que MM. Edme-Nicolas Bourguignat, Joseph Thibesart, Pierre-Guillaume Courtat et Jacques-Denis Drouet, furent chargés d'apporter à l'assemblée du bailliage de Troyes.

S'il dépeignait la situation vraie du pays dans sa première partie, on peut reconnaître aussi que la plupart des demandes contenues dans la seconde furent l'objet des dispositions législatives formulées par la Constituante.

J'arrête ici cette notice, sans avoir épuisé les documents que j'avais recueillis sur les diverses époques que j'ai rapidement parcourues. Je désirais réunir dans un cadre aussi restreint que l'intelligence des faits le permettait, d'une part, les évènements qui se rattachent à l'histoire générale et qui ont eu notre contrée pour théâtre, d'autre part, ceux qui intéressent la classe agricole qui domine dans la contrée. J'avais pour but, — et je désire l'avoir atteint, — de faire connaître la situation des habitants des campagnes dans les derniers siècles ; j'ai pris pour type une contrée que je connaissais, et j'ai sommairement groupé dans ce travail les notes que j'avais réunies sur l'agriculture, notes que j'ai puisées dans des documents authentiques et originaux. Ce tableau peut donc s'appliquer à d'autres groupes pris dans notre département, et, si les circonstances varient, les conséquences sont les mêmes. Certes, si ce tableau est sombre, des couleurs plus sombres encore pouvaient servir à peindre des temps où le calme, la paix et l'aisance étaient si rares et de si courte durée.

J'arrête ici cette notice, parce que, si, à partir de 1789, l'histoire des habitants de nos campagnes change d'aspect, si le récit n'est pas une suite de faits qui appelle la commisération, les matériaux qui doivent être consultés sont d'un autre ordre que ceux du temps passé, c'est à d'autres sources qu'il faut les puiser.

Un premier terme de comparaison est posé. Un jour peutêtre poserai-je le second.

ADDITION.

—

Nicolas Bourbon l'aîné paraît avoir entraîné ses compatriotes vers l'étude des belles-lettres. Vendeuvre compta, au xvie siècle, avec Bourbon, deux autres écrivains latins : l'un poète et anatomiste, et l'autre médecin à Bar-sur-Aube et philosophe. Le premier se nommait Jean Lyége, et le second Didier Jaquot.

Bourbon (c'est lui qui nous l'apprend) avait pour ami et pour compatriote Jean Lyége, dont le bagage littéraire arrivé jusqu'à nous se compose d'un livre de Commentaires sur Hippocrate, et d'un poème latin d'environ mille vers. On ne peut croire que ce poème fut le seul qu'il composa. Jean Gruter, si capable de faire un bon choix, l'a recueilli et l'a jugé digne de figurer parmi les meilleures œuvres des poètes latins du xvie siècle. Aussi trouve-t-on ce poème dans les *Delitiæ C. poetarum Gallorum*, avec les œuvres latines de Jean Passerat, de Pierre Pithou, de Denis Lebé, de Pierre Nevelet, pour ne citer que des champenois ; d'Etienne Pasquier, de Scevole Sainte-Marthe. etc.

Cette œuvre importante et curieuse, divisée en quatre livres, est intitulée : *De Corporis humani harmonia*, de l'harmonie du corps humain. Sous ce titre, l'auteur décrit le corps humain et rappelle les fonctions de chaque partie. Bourbon juge ce poème dans les six vers qui suivent :

> « *Johanni Ligæo.*
> *Carmen tuum Legi : nihil venustius*
> *Ligæe suavius nihil*
> *Jucundius nihil unquam Legisse memini.*
> *Quare, oro, perge, quod facis,*
> *Ornare communem patriam, quæ tandiù,*
> *Ignara musarum fuit.* »

(A Jean Lyége. J'ai lu ton poème : je ne me rappelle pas, Lyége, avoir jamais rien lu de plus élégant, de plus intéressant. Continue donc, je t'en prie, à illustrer notre commune patrie, à qui si longtemps les muses ont été inconnues. Traduit par M. J.-A. Jaquot.)

Ce poème a été publié dans les : *Delitiæ C. poetarum gallorum hujus superiorisque ævi illustrium*, 1609. Publié par Jean Gruter, sous le nom de *Ranutius Gherus*.

Le second ouvrage de Jean Lyége, le premier par date, est intitulé : *Aphorismorvm Hippocratis libri octo, succinctis paraphrasibus illustrati....* Paris, 1551, in-16 de 132 ff. La Préface est datée de Bar-sur-Aube, aux calendes de janvier 1551. Ce commentaire sur les aphorismes d'Hippocrate a obtenu les éloges des plus célèbres médecins de l'époque.

Un peu plus tard vivait Didier Jaquot, qui fut médecin. Il réunit dans un seul ouvrage les sentences et les préceptes des philosophes de l'antiquité, d'après Cicéron. Son ouvrage fut dédié à un troyen, son protecteur, Nicolas le Tartrier. Ecrit en 1554, et sans doute publié vers cette époque, il fut de nouveau imprimé en 1580, à Bâle, avec d'autres travaux, sous le titre commun de : *Tabula compendiosa de origine, successione, ætate, et doctrina veterum philosophorum ex Plutarcho, Laertio, Cicerone, et alliis ejus generis scriptoribus à G. Morellio Tiliano collecta.* Notre écrivain vendeuvrois y est en fort bonne compagnie, il s'y trouve avec Jérôme Wolf, savant littérateur allemand, et commentateur comme lui des philosophes de l'antiquité païenne, et de l'un des Pères de la religion chrétienne, Grégoire de Nazianze.

ERRATA.

—

Page 5, ligne 18, le auteurs, *lisez :* les auteurs.

— 7, — 16, *lisez :* quiconque en a étudié le sol l'a reconnu propre aux prairies.

— 9, — 25, *retranchez :* qui, au moyen-âge, aurait reçu le nom d'Axois.

— 11, — 29, Molesme, *lisez :* Molosme.

— 19, — 2, *lisez :* tant en hommes et femmes mainmortables que fiefs, etc.

— 28 — 6, après : Renée de Bussy, *ajoutez :* fille de Joachim Antilde de Bussy.

— 47, note 1re, *lisez :* lieu bas et humide.

— 60, ligne 8, *lisez :* du petit-fils de saint Louis.

— 86, — 11, honneurs, *lisez :* honneur.

— 90, — 10, dans les travaux, *lisez :* aux travaux.

— 99, — 7, à son père, *lisez :* à son frère.

— 120, — 20, Ludun, *lisez :* Loudun.

— 143, — 22, après démission, *ajoutez :* du titulaire.

TABLE DES MATIÈRES.

TROYES, IMP. DUFOUR-BOUQUOT.

Extrait de l'Annuaire de l'Aube. — 1859, 1860, 1861 et 1862.